赢在中层

管理职业化进阶课

方永飞 著

廣東旅游出版社
GUANGDONG TRAVEL & TOURISM PRESS
悦读书·悦旅行·悦享人生
中国·广州

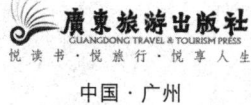

图书在版编目（CIP）数据

赢在中层 / 方永飞著. — 广州：广东旅游出版社，2023.6

ISBN 978-7-5570-3011-7

Ⅰ.①赢… Ⅱ.①方… Ⅲ.①企业领导学 Ⅳ.①F272.91

中国国家版本馆CIP数据核字（2023）第056647号

出 版 人：刘志松
责任编辑：张晶晶　黎懿君
责任校对：李瑞苑
责任技编：冼志良

赢在中层
YINGZAIZHONGCENG

广东旅游出版社出版发行
（广州市荔湾区沙面北街71号　邮编：510130）
印刷：北京晨旭印刷厂
（北京市密云区西田各庄镇西田各庄村北京晨旭印刷厂）
联系电话：020-87347732　邮编：510130
787毫米×1092毫米　16开　14.5印张　154千字
2023年6月第1版　2023年6月第1次印刷
定价：58.00元

［版权所有　侵权必究］
本书如有错页倒装等质量问题，请直接与印刷厂联系换书。

序　言

"赢在中层"最开始的时候是我主讲的一门课程。这门课程，我从 2003 年讲到现在，整整 20 年了，讲了有 1000 多场。其间，在朋友的帮助下，我把这门课程的内容及相关的心得、体会提炼出来，做成了同名图书。随着时代的不断发展，特别是新冠疫情发生以来，为了让课程更好地适应企业发展的新形势，我对课程和图书内容进行了全新升级。

说实话，毕竟课程已经讲了 20 年，这时候让我讲每一场，都要像对待初恋一样，确实很不容易，但我并不会因此就放松对自己的要求，还是积极地从各个方面吸取营养。前段时间，我跟一位老板聊天，又一次聊到了中层的话题。这位老板的公司有 20 多个中层。他说："我有一种冲动，等过完年，我想把这些中层全部'干掉'。"我吃了一惊，就问他："你跟这些中层之间怎么会有如此'深仇大恨'？"他开始"控诉"中层的种种行为……

其实，这位老板的想法并不罕见。这是很多老板和中层之间奇妙关系的真实写照。按理说，随着企业的发展，企业老板和中层应该走向越来越融合的境界，但是我们发现，很多时候老板和中层虽然是在同一条"船"上，却走着相反的路。为什么理想状态和现实状态会差这么多？这是我们要去反思的。

在反思之前，我希望大家能够认清一个现实，那就是企业不是永远走直线发展路线的。这跟老板能力大小无关，而是由企业发展规律决定的。正常发展的企业都是有高峰、有低谷的，起起落落才是正常的状态。认清这一现实，对老板和中层都有好处。不要大惊小怪，不要被心智不完整的人左右，才是老板和中层应该做的。

遗憾的是，在实际工作中，很多老板和中层做不到。比如，有的老板认为，企业员工越来越多才是正常的，企业有人离开就不正常了。再如，有的老板看到企业员工数量多，就觉得企业发展得好；企业出点儿问题，就觉得不应该。

实际上，无论是老板也好，中层也好，都要学会去理解：企业既会往上走，直至到达"光明顶"（巅峰），又可能往下走，到达"死亡谷"（低谷）（如图1）。即便企业真的陷入"死亡谷"，老板、中层在企业下滑的过程当中，能否依然保持带头的气质，能否依然保持过往的情怀，也会对企业的生死存亡产生重要的影响。

俗话说，哀莫大于心死。如果老板、中层都以为公司要走投无路了，把气势都丢掉了，到最后，整个公司的业绩下滑也是可以预见的。如果老板、中层在企业走下坡路的时候依然斗志昂扬，积极带头想办法解决问题，就能止住业绩下滑的趋势，并带领企业往上走。

序 言

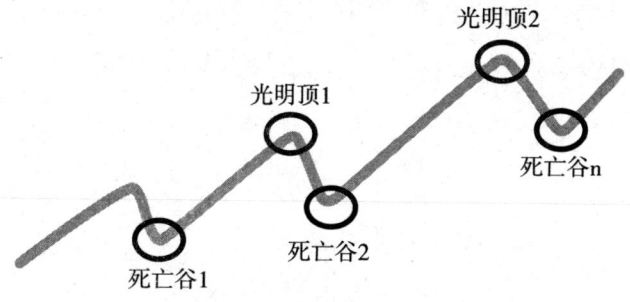

图1 企业发展有起有落

所以,身为老板,身为中层,一定要做那个处在"死亡谷"却依然能看到"光明顶"的人。这样的人带团队,企业就不会差到哪里去。有些中层一看企业出点儿问题就抱怨,看到一名业绩不错的员工离职了就认为公司对不起整个团队,这是在认知方面出了问题,是心智不健全的表现,也完全没有必要。

在这个方面,我可以现身说法。除了"赢在中层"课程的讲师和同名图书的作者,我还是一家公司的老板。我有个很大的感受:尽管我的管理学学得还不错,但我们公司依然避免不了鸡飞狗跳的情况,依然会存在一些问题,依然会有一些员工离开。这都是正常的。毕竟"有人的地方就有江湖",有管理者的地方就会有问题。管理者就是发现和解决问题的人啊!中层身为管理者的一员,也担负着这样的使命……唯有认清这一现实,作为中层的你才能脚踏实地开展工作,"赢在中层"才能成为现实。

目 录

1 企业经营当前面临的形势与考验

民营企业面临很大的生死考验　　//003

企业面临新老赛道转换的挑战　　//006

客户和员工的忠诚度不断降低　　//010

企业要用数字化武装自己　　//014

2 未来企业发展的四大趋势

规模化　　//020

网络化　　//023

数据化　　//026

全员 BP 化　　//031

3 中层是企业发展、改革的关键

企业可持续发展的三个阶段　　//037

中层是确保企业可持续发展方向不跑偏的关键　　//039

中层的立场是企业改革成败的关键　　//044

成功中层需要进行"3Q建设"　　//048

　　IQ建设：多听课，多学习，多跟聪明的人交流　　//049

　　EQ建设：管理自己和他人的情绪　　//051

　　AQ建设：坚持再坚持，才能创造奇迹　　//053

　　"3Q"不能割裂　　//054

4 赢在中层的关键在于职业化

中层的现实危机和新机遇　　//059

职业化是中层制胜的法宝　　//062

如何塑造中层的职业化　　//067

5 优秀企业新中层的角色定位

对于管理角色，不同的人有不同的理解　　//071

　　事务型管理者和建设型管理者　　//071

　　五级经理人　　//074

目 录

中层核心工作样板——阿里巴巴管理三板斧　　//077

中层要保持积极的心态　　//084

优秀企业新中层的三大角色定位　　//088

要做企业的"三承三启"者　　//088

要做业务/专业的带头人及辅导者　　//089

做下属心态的建设者、行为的监控者和发展策略的建议者　　//091

6 新中层必备的六大职业素养

用规矩打造高效的执行力　　//097

用细节管理打造核心竞争力　　//100

固化员工良好的行为习惯　　//103

以身作则，说到做到　　//105

自动自发，全力以赴　　//108

保持务实并且积极的态度　　//111

7 中层要承担团队体系化建设的重任

企业地基建设的重要性　　//117

地基建设就是体系化建设　　//123

体系化建设需要中层进化成数字化管理师　//126

向海底捞学习体系化建设　//129

 海底捞用户三级服务体系　//129

 中层要搭建员工三级服务体系　//134

8 中层如何管理职业化团队

常见的四种实用管理工具　//139

 4R制度执行体系　//139

 PDCA管理体系　//140

 复盘体系　//142

 心流　//144

管理工具应用的难点与解决方案　//147

 管理工具应用的难点：持之以恒　//147

 解决难点的思想基础：聂圣哲的管理哲学　//148

 解决难点的方案：管理执行标准化　//148

促进整个团队实现个人成长　//152

 职场人士成长的三种境界　//152

 职场人士成长的关键：突破人生拐点　//153

把员工分类，区别对待　//157

目录

9 中层要具备哪些企业职业化管理常识

中层要对员工进行评估　//161

中层要掌握职业化20宫格　//164

中层要做对决定　//168
　做对决定很难　//168
　做对决定的理论基础　//170
　做对决定要使用系统全面的分析方法　//174
　做对决定的三个重要支撑　//176

10 中层如何对待企业成长过程中的问题

企业有问题是正常的　//181

管理者是发现和解决问题的人　//183
　有问题才有管理者　//183
　主管没有资格跟员工一起抱怨　//184
　中层不要触犯管理人员的"十大天条"　//186

对待任何问题都要有"三不放过"精神　//189
　企业的问题是每个人的问题　//189
　确认问题是解决问题的前提　//191
　对待问题要有"三不放过"的精神　//193

11 中层高效执行的六大核心关键

让员工的理念与行为忠诚于组织 //197

全员开展"OEC"运动 //201

进行一流的时间管理 //204

实现组织内外的有效沟通 //207

恰当的激励与压力疏导 //210

对员工进行有效的训练 //217

1

企业经营当前面临的形势与考验

▪ ▪ ▪ ▪ ▪ 民营企业面临很大的生死考验

2018年7月,中美之间的经济矛盾由贸易摩擦升级为贸易战,美国对于华为的"围剿"也不断升级。作为中国民营企业的佼佼者,华为掌握了目前世界上最先进的5G技术,却也因此遭遇了打压。虽然华为并不惧怕美国的打压,但其自身的发展仍然面临着很大的考验。

其实,面临生死考验的不仅是华为这样的世界500强企业,还有无数大大小小的民营企业。特别是2021年6月之后,有一大批民营企业已经"死掉"了。这其中虽然有新冠疫情的影响,但它们"死掉"的根本原因却是,明明成本优势已经不在了,却仍然在迷恋过去的成本优势。这是很糟糕的。

客观地说，地缘关系带来的成本优势确实存在。比如，一家民营企业在温州乐清开业所需的费用，就比在杭州近郊要低很多。同样是企业用地费用，乐清的费用可能会比在杭州近郊便宜。对于规模企业而言，这个费用可能就是几千万元。再如，同样是环保投入，金华永康的投入可能会比杭州近郊少几百万元。同样是五金企业纳税方面的优惠政策，永康的优惠幅度可能比杭州近郊要大。

但是，随着外部环境的变化，当这些成本优势不再是优势时，远离一线城市的它们将会面临很大的考验和挑战。这个考验和挑战，就是企业需要从成本优势向技术优势进阶。很多企业就是在这个进阶过程中被挑落下马的。

为什么会出现这种情形呢？其中，一个很重要的原因就是，技术优势是需要人才支撑的。相对来讲，远离一线城市的地方集聚人才的能力（或者说对人才的吸引能力）比一线城市要差。缺少人才的支撑，企业在接下来的发展过程中就会不可避免地出现一些糟糕的情况。人才会在接下来的相当长时间内，成为制约企业发展的重要因素。

当然，总有一些头脑清醒者预判了形势，针对企业发展可能遭遇的难题做出了积极的应对预案。当很多民营企业还在思考引进人才，引进互联网技术的时候，一些民营企业的佼佼者已经走在前面了。像阿里巴巴、小米，它们已经越过了成本优势、技术优势的阶段，进化到了生态优势的阶段。也就是说，很多企业还处在1.0、2.0阶段的时候,"小米"们已经到了3.0阶段。这就是差距。现在做企业,没有这样的危机感是不行的,我们必须要认识到其中的差距。只有看到这样的差距,暂时落后的企业才会越来越走向可控的、理想的境界,才能在生死考验面前突出重围。

■■■■■ 企业面临新老赛道转换的挑战

其实，现在面临生死考验的不仅仅是民营企业，整个中国的企业都不能例外。只是有些企业没有意识到这一点，仍然还在老的赛道上徘徊；有些企业已经提前做好了准备，进入了新的赛道。二者在不久的将来会面临不同的命运：还在老赛道上的企业，路会越走越窄，前途会越来越糟糕；已经步入新赛道的企业，路会越走越宽，前途会越来越美好。

企业要实现新老赛道的转换，需要人才，特别是中层们的支撑。这就对中层提出了更高的要求。就像有的企业还徘徊在老赛道，有的企业已经进入新赛道一样，中层也面临同样的情形。大多数中层还在老赛道上，甚至有些人已经被老赛道"吞噬"了。

打个比方。随着冰川融化，水平面不断上升，有些企业所在的地方水面已经升到了人的嘴边上，如果不及时转移到一个新地方，大家马上就会被淹死。现在新赛道上的人还不多，我们要迅速把自己切换到新的赛道上，哪怕是刚开始的时候收益不多，但至少企业还活着。由此可见，现在做出切换到新赛道的决定，何其重要。

请大家一定要思考一下这个问题——你到底是在新的赛道上，还是在老的赛道上。有了这样的反思，仍然用过去的行为方式、思考方式从事当下和未来的工作的人就会少很多，不思改进的人就会少很多。

企业是一个载体、一个平台。在企业发展过程中，最可怕的敌人不是竞争对手，而是来自内部的反对者。在企业内部，一直固守过去的行为和思维方式的人太多了。对于一家企业来说，该企业的惯性是其发展、转型升级过程中的最大障碍。中层要在企业中发挥作用，使管理变得职业化，首先就要懂得去打破这种惯性，引领企业开创新局面。这才是中层应该做的事情。如果连中层都不去做，大部分员工就会更加不以为然，企业就会失去发展前进的动力。

所以，中层在企业新老赛道转换过程中的地位是不可取代的。如何让中层对企业发展积极响应，进而保持从上到下的一贯性，是这个时代企业发展的重要节奏所在。要保持这一节奏，就需要让中层理解企业发展的规律。

企业的发展不是一条直线，也不是一马平川。即使跻身世界500

强、立志成为一家能存活102年企业的阿里巴巴，也在2022年上半年出现了上市之后的首次亏损。企业真正的发展是呈现震荡状态的。所谓震荡，意味着企业发展有一段时间会走上坡路，有一段时间又会走下坡路，既会到达"光明顶"，也会跌落"死亡谷"。

了解到企业发展的这一规律，中层对企业需要切换新老赛道会有一定程度的理解。不过，一起享受到达"光明顶"的荣誉容易，一起跌落"死亡谷"却未必能感同身受。有些中层就是这样。在他们看来，企业向上发展了，当然是老大英明；企业遭遇一些挫折，就是老大愚蠢，笨，头脑不清楚。

这样的想法太过于片面了。客观地说，谁做企业能一直一马平川呢？谁做企业能一直没有挫折，没有坎坷，没有跌宕起伏呢？没有人可以做到。老板不是神仙。据权威机构统计，全球创业成功率平均不到1%。《跨越周期》一书提到了这样一组数据："今天的中国是全球创业企业最多的国家，每天就有1万家新创企业诞生，但同时也是失败企业最多的国家，每天有200多万家倒下，97%的企业会在18个月里面宣告死亡。"

对于企业来说，今天是个速生速死的时代。我们看到了像瑞幸咖啡这样的公司，刚刚创立18个月后就成功上市，却没有看到上市仅仅13个月后它就因为财务问题匆匆退市，更没有看到97%的新创企业在18个月内就"死掉"了。如果以18个月作为一个周期，我们可以算一算，在自己的有生之年，会有多少"死亡"的新创企业。

对于一家经过初创期考验的企业而言，呈现跌宕起伏的状态并不可怕。如果一家企业有竞争力，当这家企业在走下坡路，其中层和团队依然能看到下一个"光明顶"，这才是企业的锐气；而不是到了走下坡路的时候，所有人都担心马上进入"死亡谷"，怨气冲天。如果这样，这家企业就没有什么前途可言了。

　　时时担心自己进入"死亡谷"的企业，大多数并不是被竞争对手击垮的，而是被自己吓死的，根本连新旧赛道的转换都谈不到。所以，做企业一定要有做企业的章法，这个很重要。有章法的企业才能在面对生死考验的时候，抛开不必要的顾虑，开始向新的"光明顶"发起冲锋。有章法的中层才能在了解企业发展规律的基础上，给予企业以有力的支撑。

■■■■■ 客户和员工的忠诚度不断降低

如今，忠诚度正在以前所未有的力度影响着所有组织。客户忠诚度、员工忠诚度的普遍下降对企业更是影响深远。

先来看客户忠诚度。以前，很多企业的客户运营比较简单，因为有些传统生产制造企业就只有四五家经销商（这些经销商可以消化该企业所有的产品），根本不用担心市场的问题。现在，随着时代的变化，企业的客户不仅数量越来越多，要求越来越多样化，而且容易一言不合就换供货商。

就拿我的一个亲属来说，他开了一家设备制造公司，公司生产的设备主要卖给巴西、尼日利亚、埃塞俄比亚等国的客户。之前，客户数量不多，而且操作模式都是对方先付款（一次性付全款），国内这边再发货。现在，不仅客户数量变多了，客户要求也变得具体而多样，公司面临的挑战也越来越大。就连付款方式，也从一次性付全款变成了分期付款。尽管我的亲属和他的员工们全力以赴，有的客户还是不满意，选择了其他供应商。

其实，客户不忠诚，本质上是供大于求、大量产能过剩造成的。就是我们自己，在网购的时候也很少固定选择一家平台，通常会先在淘宝、天猫、京东等都逛逛，货比几家之后再做出决定。这样一来，客户忠诚度下降，就成了常事。

再来看员工忠诚度。曾经有权威机构做过调查，结果发现：2008年以前，应届毕业生会在获得第一份工作的公司平均供职43个月。如今，这个数字下降到16个月。如果其供职的公司是民营企业，平均供职时间更是下降到4个月。也就是说，一个应届毕业生如果在民营企业工作4个月以上，就已经算时间长的了。更有些人今天入职，第二天就离开了……

需要注意的是，遭遇忠诚度挑战的，不仅有职场新人，还有职场老鸟。很多时候，工作几年之后，职场老鸟们都会参加或组织同学聚会。员工A也不例外。本来跟老同学相聚是件高兴事，没想到A回来了以后，就拉着一张脸，整个人状态看起来很不好。明明去之前还好好的，怎么跟老同学聚会之后就变成这个样子了呢？原来，大家在聚会的时候交流了一下彼此的工资情况。

不比不知道，一比吓一跳。几年过去，原来读书时候关系不错的几个人在工资上已经拉开了很大的距离。几个同学都月薪破万，A一个月挣的钱竟然只是人家的一个零头。这一发现瞬间让他整个人都不好了。一回来，他就开始抱怨："老板太抠门了！我每天那么辛苦地工作，每个月只给我几千块。大家都是同学，有个人读书时候成绩还比我差呢，他月薪都破万了！"于是，A痛下决心，必须要离开……

其实，员工不忠诚，本质上是员工的需求跟老板提供的待遇发生矛盾的结果。这并没有对错。

那么，如何提高客户忠诚度和员工忠诚度呢？

我认为，提高忠诚度只有一种方法，那就是满足对方的核心需求，这是确保对方基本忠诚度的关键。如果不能满足对方的核心需求，又想让对方保证基本忠诚度，那肯定是不可能的。为了更好地说明这个问题，下面我来举个例子加以说明。

如果仔细观察，大家就会发现，不少"80后"全职带娃的宝妈常会选择做电商。为什么她们会选择做电商呢？选择其他工作不行吗？为了弄明白其中的奥秘，我专门花了一段时间去做调研。结果发现，很多"80后"的女性都受过高等教育，独立意识更强。她们生育后选择全职带娃，来自工作的收入就归零了。她们不愿意总是伸手跟老公要钱，因为这样会让她们感觉很糟糕。于是，为了兼顾经济上的独立和带娃，她们选择从事工作时间相对灵活的电商行业。实际上，只要可以兼顾经济独立和带娃，宝妈们就会有从事该类工作的热情。

兼顾经济上的独立和带娃，就是"80后"全职带娃的宝妈的核心需求。因为做电商可以满足这一核心需求。同样地，如果客户和员工的核心需求被满足，他们也会对企业保持忠诚。

▪ ▪ ▪ ▪ ▪ 企业要用数字化武装自己

2017年，数字经济①首次出现在我国的政府工作报告中。其后，从2019年到2023年，数字经济更是连续5年出现在政府工作报告中，具体表述也从"壮大数字经济""打造数字经济新优势""加快数字化发展，建设数字中国""促进数字经济发展。加强数字中国建设整体布局"变为"大力发展数字经济"。2022年的政府工作报告，

---

① 数字经济是继农业经济、工业经济之后的主要经济形态，是以数据资源为关键要素，以现代信息网络为主要载体，以信息通信技术融合应用、全要素数字化转型为重要推动力，促进公平与效率更加统一的新经济形态。——定义摘自《"十四五"数字经济发展规划》。

更是首次给予了数字经济"单独成段"的待遇。

2018年，数字经济并没有直接出现在政府工作报告中，但该报告提出了"数字中国"建设，这也是对数字经济的重要延伸。

同样是在2018年，我国主要国家领导人在金砖国家工商论坛发表了题为《顺应时代潮流 实现共同发展》的重要讲话。讲话中提出，"未来10年，将是世界经济新旧动能转换的关键10年。人工智能、大数据、量子信息、生物技术等新一轮科技革命和产业变革正在积聚力量，催生大量新产业、新业态、新模式，给全球发展和人类生产生活带来翻天覆地的变化。我们要抓住这个重大机遇……"

而数字经济的快速发展对我国抓住这个重大机遇有强有力的推动作用。《中国数字经济发展报告（2022年）》（中国信息通信研究院发布）展示了这样一组数字：2021年，中国数字经济规模达到45.5万亿元，同比名义增长16.2%，占GDP比重达到39.8%。这充分说明数字经济在国民经济中占据重要的位置。多份在"2022中国数字经济创新发展大会"上发布的数字经济报告，更是充分显示了数字经济的举足轻重——"2021年中国数字经济规模继续快速增长，数字经济已经由经济的组成部分转变为经济发展的引领力量。（新华社）"

数字经济发展速度之快、辐射范围之广、影响程度之深前所未有，正推动生产方式、生活方式和治理方式深刻变革，成为重组全球要素资源、重塑全球经济结构、改变全球竞争格局的关键力量。

2022年初，国务院印发的《"十四五"数字经济发展规划》更是直接提出了"加快企业数字化转型升级"的要求，并为企业数字化转型升级提供了一系列优惠政策。比如，实施中小企业数字化赋能专项行动，支持中小企业从数字化转型需求迫切的环节入手，加快推进线上营销、远程协作、数字化办公、智能生产线等应用，由点及面向全业务全流程数字化转型延伸拓展。推行普惠性"上云用数赋智"服务，推动企业上云、上平台，降低技术和资金壁垒，加快企业数字化转型等。

浙江省是数字经济的先发地，早在21世纪初就制定了《数字浙江建设规划纲要（2003—2007年）》。2016年11月，浙江省建设首个国家信息经济示范区得到中央网信办、国家发改委的批复。2017年12月，浙江省委经济工作会议明确提出"把数字经济作为'一号工程'来抓"，并提出了着力推动产业数字化转型等八个建设重点。

2022年8月，浙江省发布了首个数字经济发展白皮书。该白皮书显示，截至2021年，全省有数字经济高新技术企业1.1万家、科技型中小企业1.8万家，均为2017年的3.4倍；规上数字经济核心产业研发强度达到7.3%，是全社会研发投入强度的2.5倍；实施215项数字经济重大科技攻关项目，突破形成138项进口替代成果。杭州城西科创大走廊成为数字经济创新策源地，国家实验室、大科学装置实现零的突破，部分数字技术实现从跟跑向并跑的跨越。

作为数字化升级的主角，企业需要强化自身的数字化思维，提升员工的数字技能和数据管理能力，做好研发设计、生产加工、经营管理、销售服务等多项业务的数字化转型，实现从旧赛道到新赛道的转换。

2
未来企业发展的四大趋势

2 未来企业发展的四大趋势

2017年12月4日,用友网络董事长王文京在全球数字经济论坛上发表了主题为《服务企业数字化转型》的主旨演讲。

在王文京看来,未来的企业只有两种:要么是数字化原生企业,要么成为数字化重生或转型的企业。前者是指一开始就按照数字化或者说云化的模式建立和运营的企业,目前很多新创业的互联网公司、科技创新公司属于此类企业。后者是指通过数字化转型实现自我进化、创新发展的企业。

王文京的这一观点深得业界认同。确实,成为数字化重生或转型的企业是目前大多数企业的归宿。那么,在数字经济蓬勃发展的今天,未来企业都呈现哪些发展趋势呢?

规模化

　　规模化是未来企业发展的必由之路，不过这并不等于创业才两三年，就开始讨论如何做大、做强；不等于刚在行业内有所发展，就开始搞多元化经营，搞国际化，立下几年之内进入世界500强的目标……规模化的本质是从量变到质变，是积累到一定程度的升华。有的企业根本不具备规模化的条件，还没有发展到一定规模就经营不下去了，也就失去了数字化转型的机会。这是非常可惜的。其实，这也跟企业里的大多数人没有耐心的状况有关系。

　　举个例子。工作之后，有些人就不愿意再看书了，或者很少看书，一年也就看上五六本，还是囫囵吞枣、态度随意，笔记也不做，很多时候看了跟没看没有什么区别。但如果我们给自己规定一个月翻上三四十本书,一年精读12本,精读的书一边读一边做PPT(以PPT作为读书笔记,平均每本书200多张PPT),结果会如何呢?一年下来,能积累3000张左右PPT,还有自己在某方面技能的全面提升。不看书或态度随意地看上五六本就没有这种收获。

员工是企业实现规模化的重要支撑。如果员工没有耐心,不去积累,企业的规模化发展就会受到严重的影响。我经常会跟我们公司的新员工交流。我跟他们讲:"接下来三年,你每个月精读一本书,每本书做上200张以上的PPT,一年积累3000张PPT,能做到两年,我把董事长的位置交给你。"

这个承诺很重,没有任何开玩笑的意思,但做到的人寥寥无几。作为董事长,我必须以身作则,三年坚持下来,积累了1万多张PPT。对于做到的员工,我也兑现承诺,让他亲身体验了一下董事长的日常工作。这充分说明了一个事实——有些事我们做不到的根本原因,主要就是没有坚持下去。

一名员工在一家公司只待一两年,很难突破打基础的阶段;换了一家公司,如果还是只待一两年,一样还是没有累积……长此以往,员工就很难突破能力的拐点,实现业务层面的升级。要想有所突破,时间(或者说持续性)是最起码的要求。

对于我们公司那些只工作一两年就要离职的员工,我总是劝他们要慎重一些。如果确实不喜欢这份工作,那就另当别论了。如果不是,就要想一想,不要匆忙地做出决定。因为办法总比困难多,一有困难就逃开，会让人形成习惯性逃离的习惯，就很难再静下心来提升自己了。

如果一名员工已经在我们公司工作5年或5年以上，业绩还很不错，有了离职的想法，我就会问他："你要去创业吗？缺钱吗？如果缺钱，我可以投资。""你现在新的业务要不要什么支持？我来给你支持。"这样的人已经有了一定的积累，业务能力也不错，对自己今后要走的路有着清晰的认识，我很欣赏。无论是离职创业，还是继续留在我们公司（内部创业），我都会全力支持他。

有没有积累对员工的职业生涯影响甚大。人生从量变到质变的过程需要时间的累积。企业也是如此，企业的规模化也需要时间的积累。当积累到一定阶段以后，它所带来的规模效应，很多时候是我们无法想象的。

▪ ▪ ▪ ▪ 网络化

网络化的本质是平台化,是通过制造网络自增长效应来共创、共享。在这方面,小米已经走在了前面,并取得了一定的成绩。

2022年"双11",小米向大众展示了一张耀眼的成绩单:小米AIoT(人工智能物联网)获得了全平台的147个品类的第一。智能门锁、智能手环、净水器等品类,在市场上占据了压倒性优势。在直播层面,小米同时包揽了天猫/京东/抖音/快手四大直播平台的多项第一。作为线下销售主体的小米之家GMV(商品交易总额)整体同比去年增长12%,智能生活产品销量同比提升31%。小米线上线下融合业务GMV累计达成1.9亿元。

这张耀眼的成绩单让我们意识到，小米不再单纯是那个"为发烧而生"的手机公司了，它已经成为一家囊括众多品类在内的互联网生态公司。小米为什么会发生这样的变化呢？因为他们贯彻了一个原则——利用大家的力量，满足大家的需要；利用大家的力量，解决大家的问题。

举个例子。冬天的时候，大家都会盖棉被御寒。如果气温比较低，还会盖两床。虽然保暖问题解决了，但通常冬天用的棉被光被芯就有6斤重，盖上两床棉被睡一晚上，早上起来难免腰酸背痛。再加上棉被容易受潮，因此选择合适的被子越冬便成为一些有儿童或老人的家庭及怕冷人士的痛点。

鹅绒被不仅重量轻，保暖性能好，还不容易受潮，因此成了上述人群越冬的重要装备。俗话说，一分钱一分货。鹅绒被解决了用户的痛点，其价格也不菲。就拿其中重量最轻、保暖性最强的白鹅绒被来说，含绒量75%的白鹅绒被市场价格接近2000元，含绒量90%及以上的往往超过3000元。

为了解决用户对鹅绒被的需求和高企的价格之间的矛盾，小米于2017年推出了售价为1799元的白鹅绒被。小米是怎么做到的呢？他们没有盲目地自行生产，而是秉承着让专业的人做专业的事的原则，进行了一番调研，最后选择了趣睡科技作为代工者。同时，他们还发挥自身优势，将小米众筹作为该款白鹅绒被的展示、参与及预购的平台。

小米和趣睡科技合作，让消费者用上了性价比高的放心被，解决了消费需求与高企价格之间的矛盾；小米众筹上线白鹅绒被，让消费者可以第一时间了解产品，并为他们提供了参与的空间，满足了他们参与的需要。

　　小米在企业网络化方面提供了一个很好的样板。对于一家企业而言，销售／营销渠道平台化并非该企业网络化唯一的表现形式，具体说来，还包括企业生产、设计、研发平台化、企业文化平台化等多种形式。而这些正指明了企业在网络化进程中的发展方向。

数据化

企业数据化分为两个阶段：经营数据化阶段和管理数据化阶段。

经营数据化是企业围绕流量、客单价、重复购买率、内转化率、转介绍率这五个数据，进行数据化管理。

至于管理数据化，涉及的方面较多，下面我将以我们公司为例进行说明。

我们公司从很早的时候就开始做企业管理方面的数据化管理了，时时刻刻都在关注数据。员工信息早就进行了数据化，现在可以看到最早的数据来自2013年4月16日。

从当时的人才管理数据上看，我们公司的人才健康指数是48分，激情力管理指数是 72 分，公司有 26 个岗位属于 B 类岗，有 11 个岗位处在崩溃状态，平均考核得分 79.25 分，有 36 名员工处在落后状态，落后员工的占比居高不下，这就是当时公司的情况。

经过这几年的发展，我们看现在的数据：人才健康指数已经上升到 84 分，员工已经完成了 192120 份日志，公司给员工提供的在线工作指导已经高达 130943 次，已经完成的在线任务数达到了 869787 个。

点击人才健康指数，进去之后就可以看到我们公司的人才图谱。我们拿 2019 年 5 月 21 日人才图谱的档案举例。档案的第一种颜色是蓝色，代表完全胜任，就是 A 离职，B 完全胜任；第二种颜色是黄色，代表接近胜任，目前还不胜任，但是 1 年内能胜任；第三种颜色是红色，代表 1 年内不能胜任，或许 3 年后能胜任，但胜任度一般；第四种颜色是黑色，代表崩溃，代表 A 离职，这个部门完全崩溃。我们公司用蓝、黄、红、黑四种颜色，代表员工的胜任程度，公司的人才管理情况一目了然。管理者可以根据这一情况调整自己的管理策略。

遗憾的是，很多老板对自己公司的人才管理情况一无所知，即便知道其中存在一些问题，也像鸵鸟一样把头埋在沙子里面，觉得自己看不到这些就好，可现实是危机并不会因为某些人的视而不见而不敢出现。实际上，人才图谱就像我们到医院看病时拍的彩超一样，公司的人才构成哪里"生病"了，我们一下子就可以看出来。

每当看到人才图谱里面红色和黑色的部分占比很高，我压力就很大。于是，我开始进行有针对性的进阶。通过两年时间，我们公司的整个人才进阶有了很大的提升。

我们公司的员工考核也是数据化的，具体做法是通过绩效飞轮进行考核。绩效管理是一个不断循环改善绩效的过程，我们把这种循环比喻为一个不断运转的飞轮，通过循环持续改善、甩掉"垃圾"，不断前进，称为绩效飞轮。一个完整的绩效管理周期（从目标制定到最终的绩效结果应用），一般以月为单位，我们将它比喻为绩效飞轮的一圈，绩效飞轮的圈数即是已执行的绩效管理期数。

整个绩效考核要分四步：目标制定、过程管理、绩效考核和结果应用。四步一个月，一个月一圈。一名员工来了以后转了多少圈，清清楚楚。

现在，数字化竞争力已经成为千千万万企业下一阶段的重心，一切用数据说话。

经营数据化和管理数据化，是未来企业发展的趋势，要让它们快速落地，关键就在于新人才和新工具的应用。人才有没有足够的创新能力，工具有没有足够先进，这构成了我们能否驾驭新时代的根本。我们要辞退一批不会运用移动互联网工具的人，引进一批擅长运用移动互联网工具的人。

有些人对应用移动互联网工具很不了解，比如抖音已经发展很迅猛了，可还是有少数人都没看过抖音，这样就太落后了。一名员工活在新时代有个典型的标志，就是随时拥抱新的东西。在新的时代，你一定要学会了解、应用移动互联网工具。有些东西并没有你想象的那么难，只要自己去用一下，就会知道，就会理解了。否则，这家企业就很难跟上时代的节奏，也很难利用移动互联网工具来提高企业的经营管理效率。中层是一个团队的灵魂，中层都不直接用移动互联网工具，整个团队要想进阶，要想发展，是不可能的。

在日常工作中，很多企业都禁止员工打游戏，同时也有一些企业比较前卫，比如组织员工进行王者荣耀内部PK大赛、抖音视频浏览量内部PK大赛；组织所有员工自己动手做3个视频进行传播，点击量、点赞量最多的人可以获取1万元现金的奖励。通过这些方式，企业员工使用抖音助力企业传播的频率和水平都实现了大幅提升。这些企业正在应用这样的方式、方法，去推动拥抱互联网的进阶速度。保持时代的温度感和进阶性，这是对应用新工具的一个很重要的理解，我们一定要注意新工具的应用。

战略落地、组织变革，还在于有没有可靠的人。对于一家企业来说，最重要的是关键人才的建设。任正非有一个重要的观点，叫作"找人不是招人"。"找人""招人"二者一字之差，意思却差了很多。找人最关键的是人。找人，就要找最懂本地业务的人，找最优秀的人。但我们在人身上又花了多少时间与精力呢？为什么最重要的却往往是最容易被忽视的呢？

遗憾的是，这样的事情经常会在企业中出现。企业的中高层们总喜欢对问题员工耳提面命，跟他们常常交流，对优秀员工置之不理。久而久之，优秀员工也有意见了："我业绩这么好，老大既不跟我交流，也不表扬我。他业绩那么差，老大还老带着他！"

中高层们的心思并不难猜，他们觉得优秀员工已经很优秀了，根本不需要他们做什么，而问题员工需要指导。这样的想法实际上大错特错，对优秀员工无意识的忽略是对人才最大的浪费。如果中高层们不改变这种想法，企业就会出大事情。

此前，我在专著《人才大厦》中也表达了类似的观点。要做好企业，就要懂得去"圈人"。

要去"圈"那些越来越好的人，要去"圈"那些勤奋的人，更要去"圈"那些具有主动性的人、具有想象力的人、具有激情的人，不仅仅是只"圈"那些会服从的人。

人的境界是不一样的，服从、勤奋、智力只是及格分，衡量员工关键要看主动性、想象力和激情这三项。推动企业数据化发展的新人才不仅需要在服从、勤奋、智力这三项上得高分，更需要具有创客精神。而衡量一个人是否具有创客精神，要看他是否具有激情、想象力和主动性。

全员BP化

说到BP，大家也许并不陌生，它是Business Partner的简称，本义是职能部门向业务部门派遣的业务伙伴。常见的有HRBP和财务BP。BP们在工作中常会充当五种角色，即专家、军师、倡导者、教练和促进者。不过，随着外部环境的变化和用户要求的多样化，仅有人力资源部门和财务部门实现BP化并不能满足现实需求。于是，BP化开始向业务部门扩散。目前，全员BP化更是成为未来企业发展的趋势之一。

如何才能在企业内部推进全员BP化呢？这就需要分析企业的人才构成。企业里总是有三类人：打工者、奋斗者和创业者。其中，打工者属于有退路的一类，他们只是把工作当成养家糊口的工具，随时可以离开；创业者属于没有退路的一类，他们把自己当成老板，把企业定义为自己施展才华和抱负的平台；奋斗者介于两者之间。

不过，中间状态只是一种过渡，并不能持久。就像乔布斯说的那样，要么天才，要么狗屎，奋斗者最后还是要做出选择，要么退化成打工者，要么进阶成创业者。也就是说，从经营企业的角度来讲，到最后企业只会剩下两类人：一类是打工者，一类是创业者。

那么，我们怎么识别他们呢？可以通过标签。有些人总喜欢怀疑、拒绝、发牢骚、抱怨，习惯于观望、等待，这样的人就是打工者。有些人习惯于相信、接受、感恩，对工作充满了热爱之情，还总是积极行动，这样的人就是创业者。

在一家企业中，创业者在员工总人数中的占比，是该企业未来发展的关键。比如，一家企业员工有100人，创业者只有1人，那创业者占比就是1%。很明显，这个占比不高。员工同样是100人，创业者一个都没有，那这家企业还活着，简直就是个奇迹了。在员工100人不变的前提下，如果创业者有7人，创业者占比就是7%，这家企业就比其他不重视创业者的企业好一些了；如果创业者有33人，创业者占比就是33%，这家企业就很厉害了；如果创业者有51人，创业者占比达到51%，这家企业就能跻身所属行业的前列了。

像华为、阿里巴巴这些大型企业更是重视内部创业者，创业者在企业员工中的占比超过了60%。在一家企业里,创业者的占比越高,该企业的人才竞争力就越强,全员BP化就实现得越快,企业未来的发展道路就越平坦。

3
中层是企业发展、改革的关键

▪▪▪▪▪ 企业可持续发展的三个阶段

企业的发展有三个阶段：第一个阶段叫"人治"，第二个阶段叫"法治"，第三个阶段叫"心治"。其中，前一个阶段为后一个阶段奠定了发展的基础。

几乎所有的企业都是从"人治"开始的，不管是像华为、阿里巴巴、腾讯、海尔、京东、联想这样的大型企业，还是像我们公司这样的中小企业，概莫能外。在"人治"阶段，起主导作用的是管理者。也就是说，在企业的起步阶段，管理者的个人水平、能力等直接决定着企业的兴衰成败。"人治"没做好，即便企业进入"法治"阶段，基础也并不扎实。

当企业度过创业初期的艰难时刻，摆脱了生存危机，各方面都开始走向标准化和规范化的时候，企业就进入了"法治"阶段。此时，在企业发展中起主导作用的是公司的各种规章制度。不过，规章制度起主导作用并不等于"人治"彻底失灵，规章制度起作用离不开管理者和员工。所以，在企业的具体发展过程中，第二阶段实际上是"人治+法治"。

当企业的各种规章制度运行成熟，基础打得比较扎实的时候，企业就向第三阶段——"心治"过渡了。在这个阶段，在企业发展中起主导作用的是公司的企业文化。需要注意的是，进入"心治"阶段，并不意味着"人治"和"法治"没有了市场。没有任何一家企业可以脱离具体的人和具体的规章制度而运行。所以，在企业的具体发展过程中，第三阶段实际上是"人治+法治+心治"。

由此可见，企业的发展并不是从"人治"直接到"法治"，再从"法治"直接到"心治"的，而是逐渐递进、不断迭代的。

■■■■ 中层是确保企业可持续发展方向不跑偏的关键

企业要实现可持续发展，最难的就是"法治"。这是因为，企业要实现"法治"，就必须打破原来"人治"的格局，而"人治"的格局很多都是利益格局。既得利益被打破，原来的利益集团自然不甘示弱，往往会给企业的发展出难题。

尽管如此，身为企业的管理者，我们也不能退缩。因为企业如果一直停留在"人治"阶段，因人成事就会成为企业的标准和规范。一旦某个或某几个支撑企业的关键人物离开，整个企业就会失去对市场风险的抵抗能力，甚至面临"灭顶之灾"。那时，大家摆脱困境还来不及，哪还能有什么利益可言。这就需要我们推动企业进入"法治"阶段。

那么，企业的"法治"阶段该如何实现呢？很多企业家都曾向我咨询过这个问题。其实，实现企业的"法治"并没有多么复杂，原则只有16个字："有法可依，有法必依，执法必严，违法必究"。其中，"法"是指企业的规章、制度、标准等。

在具体操作中，对于很多企业来说，关键的不是"有法可依，有法必依"，而是"执法必严，违法必究"。处罚力度太轻，或处罚频率太低，不仅解决不了原来就有的问题，还会引发新的问题。企业界的佼佼者都是坚守"执法必严，违法必究"原则的。

有一次，我带着团队去双枪科技（原名双枪竹木，"中国筷子第一股"）调研，中午跟董事长郑承烈一起在公司餐厅吃工作餐。席间，郑承烈对我说："方教授，我们双枪竹木（他还是习惯用原名来称呼公司）的每名员工都可以到公司餐厅免费就餐，但就是不能浪费。每天中午，我们餐厅会安排四荤四素一汤，还有米饭、馒头等主食，大家可以按照自己的饭量和喜好进行选择。当然，众口难调，可能有时候菜咸了，有时候米饭硬了，可能不合乎你的口味。但你要是浪费一口菜、一粒米，那你这个月的绩效奖金就会被全部取消。"

郑承烈这番话并不是作秀。当天，无论我们这些一起在餐厅吃工作餐的人，还是其他员工，都自觉做到了"光盘"。餐厅的垃圾桶里只有大家用过的餐巾纸和做饭时择掉的菜叶。

双枪科技是其所在行业的龙头企业，其在成立之初就做到了"执法必严，违法必究"，这是非常了不起的事情。那么，想要在这方面有所改进的企业该怎么办呢？要解决这个问题，就要先找到这些企业没有实现"执法必严，违法必究"的原因。

除了个别企业确实相关意识淡漠，觉得"执法必严，违法必究"是可有可无的原则，其实很多时候，他们是不知道该怎么做，只能采取一些相对保守的措施，即上文提到的"处罚力度太轻""处罚频率太低"。尽管"有法可依"，但这个"法"只是针对普遍情况的规划和标准，对具体的事项缺乏精准的指导。也就是说，对于大多数企业而言，只要解决了精准指导的问题，就能退出"执法不严""违法不究"或"少究"的名单。那么，怎样做才能解决这一问题呢？打造细节管理（详见第6章），制定SOP（标准作业程序，全称Standard Operating Procedure）是一条既重要又实用的途径。而中层将在具体的实施过程中起到中流砥柱的作用。

说到细节管理，大家并不陌生，而且不少人随口就能举出一些做得出色的企业，如麦当劳、肯德基、海底捞、沃尔玛等。其中，沃尔玛的一个细节更是为业界高度认可，成为众多零售店和超市学习的典范。它就是沃尔玛的"微笑法则"。

该法则规定得很精准：每当你在3米以内遇到一位顾客时，你要看着他的眼睛微笑着露出8颗牙齿，与他打招呼，同时询问你能为他做什么。3米以内，微笑，露出8颗牙齿，这就是细节。不过，它并不是沃尔玛的主管、店长们检查店员们的服务礼仪是否到位的SOP。为什么这么说呢？下面我通过一个例子来说明。

我经常会在课上提及沃尔玛的微笑法则。有一次，一家四星级酒店的董事长听了我的课后，回去就召集了酒店所有的服务员，分享了自己的听课心得："这一次我听了方教授的课，茅塞顿开，竟然还有这样的微笑法则！这个法则真是把我们的服务规范得简单有力，实操性还很强。"分享完，他就在全酒店范围内展开了微笑法则的相关训练。

但是，没训练多久，他就给我打来了电话："教授，怎么露8颗牙齿这么难看呢？我到底在哪个环节出问题了？"

我说："这没有问题。你确定培训的时候强调的是8颗吗？"

他答："当然是8颗了。我数了好几遍，但怎么数怎么不对呀。"

我感觉很奇怪："不可能啊。沃尔玛的研究是全球公认的，露出8颗牙齿，是最迷人的。你们培训的时候露出的是哪8颗？"

他答："我们就是上排露4颗，下排露4颗。"

我一听，才知道问题出在哪里了。真是要命，上排露4颗，下排露4颗，这可真是个高难度动作，怪不得大家总学不会。沃尔玛的规定动作是，露出上排的8颗牙齿。他这是搞错了。于是，我马上回复他说："你管下面这排干什么？要露出的是上面这排的8颗，你搞错了。"

原来，微笑原则还有一个规定动作，它就是每个人要露出上排的8颗牙齿。这个规定动作非常小，常会被人忽略。例子里的这位董事长就是如此。那么，弄清了这点之后，微笑原则落地的SOP是不是就有了呢？已经很接近了。

大家可能会觉得我故弄玄虚，"露出上排的8颗牙齿"不过就是一个动作，谁还做不出来？在这里，我不做涉及生物学那种很专业的解释，请大家亲自实践一下。实践之后，就会得出答案。不排除有人可以轻易做到，但对于相当一部分人来说，还是有一定困难的。员工不可能个个都具备这种能力，怎么办呢？一根筷子就可以解决。只要嘴里咬住一根筷子反复练习，很快就可以见效。也就是说，用嘴咬住筷子练习，才是用于检查店员们的服务礼仪是否到位的 SOP。

　　SOP 最重要的特征就是定义清晰，它能够让执行者按图索骥，掌握执行的程序和方法；让管理者掌握做事的分寸，实现"有法可依，有法必依，执法必严，违法必究"。中层作为企业中承上启下的中坚力量，更要遵循 SOP，以保证企业不偏离可持续发展的方向。

▪ ▪ ▪ ▪ ▪ 中层的立场是企业改革成败的关键

"穷则变，变则通，通则久"，这句话出自《周易·系辞下》，意思是事情如果到了没有发展余地的地步，就要勇于变革；只有变革才有出路，有了出路才能更长久地发展下去。当企业面临发展瓶颈时，唯一的出路就是变革，但对于中国的很多企业，尤其是民营企业来说，变革往往是最困难的事情。因为变革要付出很大的代价，破坏已成型的利益格局，甚至要拿企业员工的既得利益去博弈，所以多数企业的变革都是浅尝辄止，最后不了了之。

既然如此，那企业改革还要不要搞呢？当然要。该怎么做呢？其实，企业改革能否成功，关键看中层站在哪一边（如图3-1）。中层

3 中层是企业发展、改革的关键

站在老板这边,改革成功;中层站在普通员工这边,改革失败。所以,老板要想取得企业改革的成功,首先要做的就是赢得中层的响应和维护。这又是怎么回事呢?

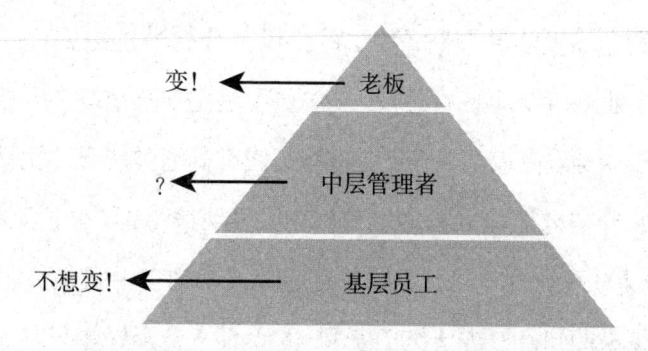

变! ← 老板

? ← 中层管理者

不想变! ← 基层员工

图 3-1 企业改革能否成功关键看中层站在哪一边

原来,企业要进行改革,通常是老板提出来的。因为老板在企业中负责统筹全局,他对企业的运营情况非常熟悉。企业发展什么时候遭遇阻力和瓶颈,老板通常会比其他人先觉察。而作为统筹全局的人,他又必须拿出解决方案。于是,老板就提出了企业要变、要改革的观点。

很多一线员工却并不这么想。一来,他们通常只从事某类具体工作,缺乏全局意识。在某些情况下,可能整个企业已经摇摇欲坠,因为所在的部门属于全企业的盈利部门,没有丝毫紧张空气,员工根本不知道危险就在眼前。二来,他们对目前的工作模式产生了一定的路径依赖,不愿意轻易改变做事的习惯和方式,认为改革就是瞎折腾,变来变去非常麻烦,还增加了很多工作量,甚至觉得不变还能维持现状，变了之后可能还不如现在。

既然改革势在必行，作为中层，就要认清自己的管理角色，即要弄清自己的立场。中层在企业中承担着承上启下的重任，当老板和普通员工的立场发生冲突时，中层的立场就变得特别重要。在改革这件影响企业可持续发展的大事上，中层要坚定不移地站在老板这边。

有的中层没有搞清楚自己的立场，没有搞清楚状况，就站在了员工这边，弄得老板孤立无援。有的中层表现得特别"公正无私"，觉得做老板的不容易，员工说的也有道理，就站在中间和稀泥，一边让老板少说两句，一边让员工也做一些让步，弄得好像只有他才是对的，他是整件事的"裁判"，他才是"好人"……对于中层来说，这都是非常不职业的表现。

身为中层，必须要成为企业改革的响应者和推动者，必须要站在老板这边。如果实在与老板观点不同，立场相悖，可以选择不做中层，或者离开公司。既然选择做中层，就要站该站的立场，说该说的话，做该做的事。这叫立场要对。

至于有的中层想保持"好人"的人设，这是根本做不到的。我们一定要搞清楚，在一家企业里，只有老板才可以做"好人"，中层都要做"恶人"。如果中层都去做"好人"了，老板还做"好人"的话，整个企业就会一团和气。一旦企业出现问题、遇到发展阻力，就很难得到解决。这样一来，企业的前途可想而知。

因此，在现实中，中层做"好人"，就会逼得老板没办法，被迫做"恶人"。一家企业如果是老板做"恶人"，就避免不了分崩离析的状态。一家企业之所以能有凝聚力，一个很重要的原因就是老板一定要做"好人"。而要想让老板做"好人"，唯一的前提就是，中层必须做"恶人"。

老板做"好人"，中层做"恶人"，是一家企业能够实现改革、推进可持续发展的理想境界。站在企业的角度，老板做"好人"，中层做"恶人"，对整个组织来说是件好事。因为老板是"好人"，员工遇到一些困难，就愿意找老板帮忙。老板可以借此使自己与员工之间的关系纽带变得更加紧密。中层做"恶人"，一来可以减少某些中层带领下属员工离职创业的概率，二来可以减少某些中层恶意煽动下属员工对抗上司的情况。这样一来，员工对老板、对企业的忠诚度就会大大提高，企业的凝聚力就会大大增强。

有了极高的忠诚度和极强的凝聚力，企业的改革之路自然会顺畅很多。这也正是中层站在老板这边的意义所在。只有学会响应变革，推动变革，成为与老板立场一致的中层，才有资格升职做高管。

▪▪▪▪▪ 成功中层需要进行"3Q建设"

在日常工作中，中层要进行业务管理、团队管理、部门管理、人际管理。无论进行哪种管理，结果如何，到最后都取决于中层自身的基本素质。一个中层要成功，就要进行修炼，进行素质建设。在众多修炼和建设中，最重要的非"3Q 建设"莫属。

所谓"3Q 建设"，就是指 IQ、EQ、AQ 的建设。其中，IQ 指智商，是一个人判断决策的能力；EQ 指情商，是一个人与他人交往的能力，人际互动的能力，让别人喜欢的能力，融入团队的能力；AQ 指逆商，是一个人在面对困难考验仍然继续前进的能力。了解了"3Q"是什么，下面就让我们一起来看看"3Q"是怎么建设的。

IQ 建设：多听课，多学习，多跟聪明的人交流

大部分人的智商都是差不多的，要想有所提升，比较靠谱的方法就是多听课，多学习，多跟聪明的人交流。如果你身边的人都是水平高的人，就算你不想成功，也是一件很难的事。这就是人际关系成功法则中一个非常重要的法则。几千年前"孟母三迁"的故事就已经告诉我们"近朱者赤，近墨者黑"的道理了。环境改变了，智商也会随之改变。与有智慧的人同行，你也更容易得到智慧。

由此，我们可以看出，提升智商的方法并没有想象中那么难。不过，有些人却为自己盲目设限，以致无限期推迟了自己提升智商的时机。举个例子。一个人当年高考成绩不佳，没能在自己理想的大学就读，就觉得是自己智商有问题，整天郁郁寡欢。整天郁郁寡欢，还会有心情去做其他事情吗？很难。

其实，这个人高考成绩不佳，可能只是因为他在此前的学习中不够认真（当然，导致高考成绩不佳的原因很多）。千万不要以为自己的智商就没有进步的空间了。当然，也许还有人会有一定的顾虑。毕竟俗话说得好，"三岁看大，七岁看老"嘛！不过，这句话也是有一定问题的。

宗庆后当了 15 年农民，42 岁时还在卖冰棍，最后创立了娃哈哈。董明珠入职格力的那一年已经 36 岁，她的第一份工作是基层业务员，22 年后她成了格力的董事长。如果他们一味相信"三岁看大，七岁看老"，又怎么能有后来的成就？

所以，对于一个人来说，最重要的不是盲目否定自己，否定自己成长的各种可能性，为自己盲目设限，而是发现自己的闪光点。在这方面，《现在，发现你的优势》可以帮上忙。该书重点介绍了全球顶级咨询、调查机构盖洛普公司研发，深受世界各国政府和商业机构认可的"优势识别器"。读者可以通过"优势识别器"进行34个主题的测试，发现自己的闪光点所在，并将其发展为自己的才干。

其中，关于一个人思维维度才干的12个指标，包括分析、统筹、关联、回顾、审慎、公平、前瞻、理念、搜集、思维、学习、战略，这些都与智商密切相关。由此可见，一时成绩的好坏并不是智商高低的唯一表现，智商是可以"学到老，成长到老"的。

除了盲目给自己设限，错失提升智商的良机，大多数人在IQ建设中容易犯的另一个毛病就是"聪明反被聪明误"。编写小程序"秒杀"内部福利月饼的某知名互联网公司安全工程师就是如此。

平心而论，一个能做网络安全工程师的人，智商肯定不会低，不然他也无法承担这份职责。不过，既然是内部福利，又采取了"秒杀"的方式，说明此项福利并不能人手一份，而且非常随机。编写小程序利用"秒杀"系统漏洞多抢月饼，事情看起来不大，却违反了职场公平。这样一来，智商不仅没有成为这名网络安全工程师的力量，反而成了他的障碍。因此，IQ建设一定要有底线。

EQ 建设：管理自己和他人的情绪

说到情商，大家并不陌生。它又被称为"情绪智力"，主要由五个领域构成，即了解自身情绪、管理情绪、自我激励、识别他人情绪和处理人际关系。情商在人们日常的工作和生活中，是比智商更重要的存在。

举个例子。大家都知道，《阿甘正传》这部电影的主人公阿甘是一个智商只有 75 分的人，可他却创造了多个奇迹。阿甘是怎么做到的呢？其中，一个很重要的原因就是阿甘一直以乐观的心态面对生活中的磨难。他深信"人生就像一盒各式各样的巧克力，你永远不知道下一块是哪种"，从来不因为人们的嘲笑和白眼而自暴自弃。

阿甘怀有乐观的心态就是情商在发挥作用。作为一个智力略有缺陷的人，阿甘很可能会在周围人的嘲笑和白眼中陷入消沉，悲苦地度过一生。幸运的是，他有一个好母亲。母亲从来不认为自己的儿子是有智力障碍的人，是家庭的负担，她不仅全心全意地照顾儿子，还给了他"人生就像一盒各式各样的巧克力"的信念。阿甘正是在母亲的帮助下，成功地进行了自我激励，建立起积极的人生态度，并一直以乐观的心态生活。而自我激励正是构成情商的五个领域之一。

高情商可以帮助像阿甘这样智力略有缺陷的人取得一番成就，低情商却会给人们带来冷暴力的伤害。

冷暴力随处可见，就拿大家熟悉的家庭和职场来说，冷暴力就是常见的亲子、人际、职场等三大暴力的主要表现形式。冷暴力大体可以分为三类：第一类是单方面的无沟通（也称为"冷战"）；第二类是语言暴力，主要表现为责骂和过度唠叨；第三类是伤害性暴力，其中以暗示性伤害最为常见。

无论是冷战、语言暴力，还是伤害性暴力，都与冷暴力实施者的低情商密切相关。比如，冷战是一个人拒绝处理人际关系的表现，语言暴力是他拒绝管理情绪的表现，伤害性暴力则是他恶意识别他人情绪的表现。也就是说，如果一个人在情商的三个领域都做得很差，还不修炼、建设一下情商，那么他在家庭和工作方面都会受到严重的影响。

情商的修炼并不是一件容易的事，好在高情商是可以训练出来的。美国心理学家玛莎·莱恩汉认为，一个人要想拥有高情商，就需要训练读懂情绪、自我关注、培养慧心（即受平衡的自我掌控的思维模式）、少评判多接纳、安然度过情绪危机、人际交往等方面的技能。

具体来说，要想读懂自己和他人的情绪，我们就需要用慢镜头分解情绪发生和衍变的过程，并将想法、情绪和行为分开；

要实现自我关注，就要跳出自我，客观描述自己的情绪，关注自己的心情感受；

要想培养慧心，就要跟冲动对着干，对事态进行评估，采取有利于自己朝长期目标靠近的行为，或者做能够真正满足自己需求的事；

要想学会少评判多接纳，就要认识到过多评判带来的危害，并接受现实，认可自我；

要想安然度过情绪危机，就要学会在深陷情绪危机时转移注意力，通过做一些让自己感到放松和愉快的事来安抚自己的情绪及逗自己开心，通过设定目标来训练自我掌控的技能；

要掌握人际交往技能，就要留意并弄明白对方的需求、顾虑和愿望，学会用一种不会破坏关系的方式说"不"，当冲突发生后，协商解决双方有冲突的需求等。

AQ 建设：坚持再坚持，才能创造奇迹

一个人要有一定的抗压能力。在面对困难、考验、挑战、问题的时候，我们能否保持继续前进的力量是很重要的。有的人离职频率特别高，在这里待一年离开了，在那里待一年又离开了，这里看不惯，那里看不惯，好像公司里的所有人都在跟他作对。其实，这恰恰从一个侧面反映出这个人逆商不高。

对于一名新员工来说，用一年的时间来了解、熟悉所在部门、公司的情况，融入公司的节奏，还稍显不足，再说怎么可能公司里的所有人都在跟他作对？客观地说，每名新员工在融入公司时都会遇到一些困难和挑战，这是新员工成长的必经之路。只有勇敢地解决困难，应对挑战，新员工才能获得真正的成长。

需要应对困难和挑战的，不仅有新员工，还有公司的其他人。如果碰到一点儿问题就离开，慢慢地，你就会心生憔悴，到处抱怨，根本没有心思做事，完全违背了自己工作的初衷。

作为职场的一员,我们需要明白:只要公司存在,就会有问题存在。所有伟大的成就都是一再坚持的结果,只有坚持再坚持,才能创造奇迹。这也是从量变到质变的过程。因此,我们要培养自己的逆商,一个很重要的方法就是坚持再坚持。

"3Q"不能割裂

几乎每次讲课时,我都会用到下面这幅图(如图 3-2)来测试一下现场学员的智商。测试非常简单:请学员们在 10 秒钟内,数一下图中共有几个三角形。

图 3-2　图中共有几个三角形

大家给出的答案五花八门,有说 7 个的,有说 8 个的,有说 11 个的,还有说 14 个的。有一次,我到一个集团公司讲课,那里有个学员给出的答案更离谱。小伙子不到 3 秒就给出了答案。他说:"教授,这个题目撞到我的枪口上了,我是应用数学专业研究生学历,图里有

28个三角形。"天哪,他是怎么得出这个答案的?

那么,正确答案是什么呢?答案就是图里一个三角形都没有。大家答对了吗?众所周知,数图形是小学数学的范畴。小学数学教材上给出了三角形的定义:三角形是由三条边首尾相接组成的图形。请大家仔细看一下图3-2,图中存在首尾相接的三条边吗?没有!也就是说,图中没有符合三角形定义的图形存在。

有人提醒我:"方老师,这图中间有一个亮晶晶的大三角形,这么大一个三角形,你怎么没看见呢?"这个人说的有没有道理呢?前面我们已经用三角形的定义衡量过了,图3-2中根本不存在三角形。那他为什么会这么想呢?其实是他的眼睛欺骗了他的大脑。

大家都知道"耳听为虚,眼见为实"的古语,那眼睛为什么还会欺骗大脑呢?这中间涉及一个心理学常识。心理学家查尔斯·麦基经过多方研究发现,"你看到的只是你想看到的"。提醒我的这名学员在主观上认为,图中是存在三角形的,所以他看到了"一个亮晶晶的大三角形"。但是,只要他静下心来,用三角形的定义去衡量他认为是三角形的图形,就会发现,那个图形根本就不符合三角形的定义。

包括说图中有28个三角形的小伙子,也是犯了同样的错误。那么,是他们智商有问题吗?肯定不是。我调研或服务的企业都是一些很优秀、很出色的企业,能进入这些企业工作的人,智商肯定不会存在问题。那么,是什么影响了他们的判断呢?情商。

在这个测试里,凡是很认真地、一个个数图中三角形有多少的,都是情商出了问题的。我们已经知道,情商是有五个指标的,了解自身情绪就是其中之一。那些认为图中存在三角形的学员就是因为没有了解自身情绪才犯错的。

数图形本身对应的是常识问题，解题的关键在于了解三角形的定义。学员一看，题目问的是图中有几个三角形，下意识地就会认为，图中一定存在三角形，才会问有多少个，进而直接排除了"没有三角形"的可能。这样一来，这种渴望找到若干个三角形的情绪就会在不知不觉中代替事实，成为数图形的主宰，最后影响了结果。

同样的道理，很多时候，你今天看公司这里有问题，那里有"坑"，很可能它们都是因为你的情绪才存在的。只要静下心来，从容思考，你就会发现真相。我们在任何情况下都不能失去独立判断的能力。

我常用的这道测试题，表面上看起来是测试学员智商的，实际上还揭示了一个人的情商对智商的重要影响。这充分说明，智商和情商是不可割裂的。

同样的道理，"3Q"也是不能割裂的。一个人没有智商做基础，其情商和逆商都是空中楼阁；没有情商做指引，智商和逆商就很难发挥出应有的作用；没有逆商做后盾，智商和情商只会成为随波逐流的工具。因此，"3Q"不能割裂，也不能偏废其一。只有全面建设"3Q"，才能具备过硬的基本素质，走向成功。

4
赢在中层的关键在于职业化

4 赢在中层的关键在于职业化

■■■■■ 中层的现实危机和新机遇

2015年11月18日,在巨人网络11岁生日当天,创始人史玉柱发了一条微博:

"今天是巨人网络11岁生日。11岁,网络公司已不算年轻。退休六年的我,最近砍向巨人网络三板斧:一免掉133名干部,干部总数从160名降为27名。六层的官僚管理层级削为三层,权力下放;二战略调整:手游为主、聚焦精品;三文化改造:向陋习开刀,唤回创业激情。巨人千名研发人员年轻优秀,一定会有所作为。"①

---

① 史玉柱微博中的"干部"即指中层。

史玉柱为什么会做出这一决定呢？我们可以从他 2015 年 11 月 9 日的微博中找到端倪。史玉柱在微博中写道："一个公司不是人越多越好，而是越少越好。我应邀去芬兰 SUPERCELL 公司座谈，吓我一跳。这个年利润 12 亿美元的手游跨国公司，总共 168 人。"

SUPERCELL 公司中文译名是超级细胞，被称为全球人效第一的游戏公司。仅就史玉柱微博提供的数字，当年该公司的人均利润就超过了 714 万美元。按照当时的汇率，换算成人民币超过 4400 万元。

同样都是做手游的公司，为什么超级细胞人均利润这么高，巨人网络就落后很多呢？这是史玉柱当年考虑的问题。光从员工人数来看，前者整个公司才 168 人，跟巨人网络整个公司的中层人数几乎相当。可现实是，更多的员工并没有帮助巨人网络获得更多的利润。想明白其中的道理后，史玉柱开始调整公司的中层。

当然，这只是中层需要面对的现实危机的冰山一角。随着 2017 年数字经济首次出现在政府工作报告中，数字经济在国民经济中占比逐渐提高，新的经济形势对企业发展提出了新要求。信息机器人和智能硬件机器人更是逐渐出现于越来越多的企业当中。这一切也对公司的中层提出了更高的要求。

现在，我们需要思考一个问题：作为企业的中层，如果不能跟上时代的节奏，不能跟上企业发展的要求，还有存在的必要吗？答案不言而喻。

不过，事情都是有两面性的。时代和企业的快速发展不仅给中层带来了现实危机，也带来了新的机遇。未来的公司就是一个平台，它为小机构提供了展示的载体。这些小机构谁跑赢了，谁就成功了。这跟史玉柱的微博不谋而合——"一个公司不是人越多越好，而是越少越好。"平台就在那儿，你可以尽情挥洒，可以尽情挣钱，而你所带的团队，人越少越好。

我在小团队管理的相关课程里，对小团队的经营和团队建设进行了详细的阐释。在未来的企业中，每一个中层都有机会成为内部创业的合作伙伴。大量企业会不断开放越来越多的单元，让中层来参与经营，而不是让你局限于带团队，做管理。这样，主导经营的是你。初创企业失败率很高，而让你成为企业的一个小单元的负责人，独立核准成为一个利润单元，这样成功的概率会很高。这样的单元是能够盈利的，是能够有机会被孵化出来的。大概这就是中层未来的机会所在。

▪▪▪▪▪ 职业化是中层制胜的法宝

无论是要摆脱自己的职业危机，还是要抓住成为内部创业的合作伙伴的机遇，中层都需要把握一个关键，即提高自身的职业化水平。换句话说，职业化是中层制胜的法宝。那么，现阶段我国中层的职业化水平如何呢？

有权威机构曾就全球近 200 个国家和地区的职业经理人队伍的成熟度指数做过调研。很遗憾，我国的职业经理人排名靠后。这不仅意味着目前我们中层的职业化水平不尽如人意，还意味着我国企业当下发展中要面对一个很大的尴尬。

我们团队在跟一些企业的中层沟通和交流的过程中也发现，很多中层没有起到中层应有的作用。这是非常严重的，会严重影响企业的运营和后续的发展。那么，职业化究竟是什么？中层的职业化水平应该如何塑造，如何提高呢？在回答这些问题之前，我们先来看一个例子。

小美到公司工作快3年了，其间一些在她之后入职的同事都陆续得到了晋升的机会，她却原地不动，心里很不是滋味。一天，她决定冒着可能被辞退的危险，找老板"理论"（其实，她多虑了。大多数老板不会因为员工问晋升方面的问题辞退员工。主动问及晋升，恰恰是老板眼中员工积极主动要求进步的表现）。

她问老板："老板，我有过迟到、早退或者违反公司规章制度的行为吗？"

老板说："没有。"

她又问："公司对我有什么偏见吗？"

老板答："没有。"

得到老板两个肯定的回答后，小美说出了自己的心里话："那为什么比我资历浅的人都得到了公司的晋升，我却一直待在微不足道的岗位上呢？"

老板说："你的事我们稍后再说。我现在有个急事，过几天，有一个重要的客户会来公司考察我们的产品，要不你帮我联系一下，问问他们什么时候过来。"

小美表示同意，就离开老板的办公室去联系客户了。

过了一会儿，小美来找老板汇报情况了。

老板问:"联系上了吗?"

小美答:"联系上了,他们有可能下周过来。"

老板问:"下周几?"

小美支支吾吾:"这……我没细问。"

老板又问:"他们一行多少人?"

小美又支支吾吾:"这……这您也没让我问啊!"

老板又问:"他们是坐火车,还是坐飞机?"

小美更无奈了:"啊,这个您也没让我问啊!"

老板说:"好吧,你把小朱叫过来。"

小朱夹着笔记本跟着小美来到了老板的办公室。

老板说:"小朱,有家公司要来考察我们公司的产品,你帮我联系一下他们。"

小朱答:"好的,那老板,您还有其他安排吗?"

老板说:"没有了,你去吧。"

过了一会儿,小美和小朱一起来向老板汇报联系客户的情况。

小朱汇报道:"老板,我跟他们联系了一下,对方乘坐的是下周五下午3点的飞机。如果飞机不延误的话,应该是6点钟到我们这边机场的2号航站楼。他们一行是5个人,带队的是采购部的王总。我已经请行政部安排接机,并通知了对方。对方到我们这里安排的是两天的行程,他们到了之后再具体安排出行计划。经过我的了解,我建议给他们安排我们公司周边的商务酒店。如果您认可我的安排,我明天开始执行。我看了一下天气预报,下周五天气可能有雨，我会及时跟对方联系，有什么问题我再及时向您汇报。"

老板说："很好。"

随后，小朱又习惯地问了一句："您这边还有其他事情安排吗？"

老板说："没有了，你去忙吧。"

于是，小朱就出去忙其他工作了。

这时老板对小美说："小美，我们来谈谈你的问题。"

小美不好意思地说："不用了，老板，我已经知道自己的问题了。打扰您了，老板。"

通过联系客户这件事，小美明白了一个道理：没有谁生来就能担当大任，大家都是从简单、平凡的小事做起的。今天你为自己贴上了什么标签，或许就决定了明天你是否会被委以重任。能力的差距会直接影响到办事的效率。任何一家公司都迫切需要那些工作积极主动的员工。优秀的员工往往不是被动地等待别人安排工作，而是主动去了解自己应该做什么，然后全力以赴地去完成它。

上面这个例子是一个职业化的案例。从这样的一个故事情景当中，大家可以看得出来什么是职业化。职业化就是一种工作状态的标准化、规范化、制度化，包含在工作中应该遵循的职业行为规范、职业素养和匹配的职业技能，即在合适的时间、合适的地点，用合适的方式，说合适的话，做合适的事，不为个人感情所左右，冷静且专业。

请大家留意一下职业化的定义，"在合适的时间，合适的地点，用合适的方式，说合适的话，做合适的事，不为个人感情所左右，冷静且专业"。试问有多少中层能做到这一点呢？如果中层没有中层的样子，员工怎么可能有员工的样子？

说到底，职业化的本质就两个字——靠谱。安排一个人去做事情，他能不能靠谱，能不能让老板没有后顾之忧，能不能让员工有迹可循，这是衡量这个人是否具备职业化素质的重要标准。

现在，中层的职业化已经变得相当重要。每一个中层一定要深入反思自己的行为举止，高度重视自己在企业中的呈现是否吻合职业化的标准。

■■■■ 如何塑造中层的职业化

中层在企业中发挥着中流砥柱的作用，不仅是决策层意图的执行者，还是下属员工的领导者和管理者。而管理到了今天，跟以前已经大有不同。以前管理是你做你的，他做他的，大家各自为政，做什么都是乱糟糟的。现在管理已经到了建模的阶段，也就是说，管理是有模型、有路径可循的。身为管理者，需要做到：第一，要认清自己的角色定位；第二，要专业。只有专业化才能职业化。

职业化有三个维度：职业道德、意愿态度和专业能力。其中，职业道德是职业化的基础。

在职业道德合规的前提下，我们再用意愿态度和专业能力两个维度来支撑职业化。至于如何应用这两个维度，我在介绍职业化 20 宫格时有详细介绍（详见第 9 章）。当然，管理者仅仅自己具备专业能力是不够的，还要去帮助下属，去辅导他们的技能，去调整他们的心态，去监控他们的行为。请大家注意，对下属好，不是代表对他们放任自流，而是要时刻观察他们。

举个例子。4R 制度执行体系是通用电气蒸蒸日上的法宝之一（关于该体系的介绍详见第 8 章）。该体系就是将结果定义、锁定责任、时刻检查、立刻奖罚做成一个可循环的结果反馈系统。管理者通过检查后实施奖罚的方式，来对下属进行执行方面的建设，去成就下属。

好的管理者是不容易做的。对于管理者来说，成就下属是其不可推卸的责任。对于中层这种需要直接管理下属的管理者来说，更是如此。中层要塑造自己的职业化，不仅要管好自己，还要管好他人。而成就、帮助下属去成长和成功，就是管好他人的重要标准。

5

优秀企业新中层的角色定位

■■■■ 对于管理角色，不同的人有不同的理解

在每一位管理者的成长过程中，职业化程度是很关键的，这直接影响了人们对其管理角色的理解。即便是同一种管理角色，不同的人也会有不同的理解。下面，我将以管理者的核心任务作为标准，来介绍两类常见的管理角色认知观点。

事务型管理者和建设型管理者

在企业中，管理者的核心任务包括四个方面：解决问题、培育部属、达成意见、传承文化。不过，不同的管理者对核心任务的理

解却有不同(如表 5-1)。

表 5-1 不同管理者眼中呈现的核心任务

管理者类型	A	B
呈现先后顺序	达成意见	传承文化
	解决问题	培育部属
	培育部属	解决问题
	传承文化	达成意见

由表 5-1，我们不难看出，管理者 A 眼中的核心任务依次是达成意见、解决问题、培育部属、传承文化；管理者 B 眼中的核心任务依次是传承文化、培育部属、解决问题、达成意见。核心任务的内容是一样的，都是 16 个字，但这 16 个字的排序是不一样的。

有些时候，管理的价值就在于排序。因为排序不一样，管理者的逻辑不一样，最后的结果也不一样。管理者 A 比较重视完成明确的任务，完成组织目标，我们将这样的管理者称为事务型管理者。管理者 B 比较重视让员工意识到所承担任务的重要意义和责任，激发下属的高层次需要或扩展下属的需要和愿望，进而指导并激励员工完成组织目标，我们将这样的管理者称为建设型管理者。在日常工作中，事务型管理者比建设型管理者更为常见，月薪能达到 2 万元；建设型管理者则更为难得，月薪能达到 10 万元左右。

事务型管理者和建设型管理者做核心任务的顺序不同,他们对于工作的侧重点也就有所区别(如表5-2)。

表5-2 事务型管理者和建设型管理者对工作的侧重点不同

投入的时间和精力＼管理者类型＼核心任务	事务型管理者	建设型管理者
传承文化	0～5%	40%
培育部属	0～10%	30%
解决问题	20%～50%	20%
完成业绩	35%～80%	10%

传承文化方面,建设型管理者投入的时间和精力高达40%,事务型管理者多数情况下只有不到5%;培育部属方面,建设型管理者投入的时间和精力高达30%,事务型管理者多数情况下只有不到10%;解决问题方面,建设型管理者投入的时间和精力比例为20%,事务型管理者则是20%～50%;完成业绩方面,建设型管理者投入的时间和精力占比10%,事务型管理者占比高达35%～80%。

由此可见,建设型管理者管理的侧重点在于传承文化和培育部属,事务型管理者的侧重点在于解决问题和完成业绩。那么,这样是不是说,对于建设型管理者而言,完成业绩不重要呢?很多人都问过我这个问题。对此,我的回答是:一个管理者完成业绩,跟他的时间和精力投入,没有绝对的相关关系。

我们在了解建设型管理者的过程中发现,当一个人把文化传承到位了，把部属培育到位了，把很多问题提前预防了，业绩自然而然地就实现了。这是建设型管理者成功的秘密。了解了这些之后，企业的管理者就需要做出一些改变，不要整天沉溺在事务型管理中，而要把更多的时间和精力放在建设性的事项和任务上，实现从事务型管理者到建设型管理者的进阶。这也解释了一些管理者总是加薪不成功的原因。就是因为老板觉得这些管理者只满足于进行事务性管理，没有在企业的建设性管理中发挥应有的作用。

五级经理人

著名管理学家吉姆·柯林斯在《从优秀到卓越》一书中，提出了"五级经理人"的理念。他按照能力将职业经理人分为五级：

第一级经理人是能力突出的个人，他们用自己的智慧、知识、技能和良好的工作作风做出巨大贡献；

第二级经理人是乐于奉献的团队成员，他们为实现集体目标贡献个人才智，与团队成员通力合作；

第三级经理人是富有实力的经理人，他们组织人力和资源，高效地朝既定目标前进；

第四级经理人是坚强有力的领导者，他们全身心投入，执着追求清晰可见、催人奋发的远景，向更高业绩标准努力；

第五级经理人是第四级经理人的进阶，他们将个人的谦逊品质和职业化的坚定意志结合，建立持续的卓越业绩。

后来，很多管理专家吸收了"五级经理人"的理念，并结合本国企业的实际情况，将其创造性地应用到企业的管理中。

经过研究，我们发现，五级经理人在执行管理核心任务的时候投入的时间和精力是不同的（如表5-3）。

表5-3　五级经理人对四大核心任务的侧重点不同

投入的时间和精力＼经理人分级　核心任务	第一级经理人	第二级经理人	第三级经理人	第四级经理人	第五级经理人
传承文化	5%	15%	25%	30%	40%
培育部属	10%	20%	30%	30%	35%
解决问题	20%	15%	15%	15%	10%
完成业绩	65%	50%	30%	25%	15%

经理人的级别越高，在建设性的工作内容上投入的时间和精力就越多。级别最高的第五级经理人更是将自己75%的精力都放在传承文化和培育部属方面，而非解决问题和完成业绩上。

经理人级别越低，在事务性的工作内容上投入的时间和精力就越多。级别最低的第一级经理人放在解决问题和完成业绩方面的精力达到了惊人的85%，用于传承文化和培育部属的精力只有15%。

由此可见，经理人把精力投入哪里，企业的发展路径就在哪里。经理人如果把精力聚焦在解决问题等事务性工作内容上，就会面对更多的烦恼、是非和困难；如果把精力聚焦在传承文化等方面，就会让自己更多地去突破，更多地引导创新和发展。

现在的管理者如果想引领、影响或推动管理工作的进阶，就意味着需要把大量的精力和时间向建设性的工作任务倾斜。不能去年怎么做的，今年还怎么做，千篇一律地去做，不考虑实际情况，这样肯定不行。如果这样的话，中层就会故步自封，进而影响到其成长、进阶。因此，作为中层，该做什么，不该做什么，做得怎么样，这些事情每一项都是要被明晰的。

▪ ▪ ▪ ▪ ▪ 中层核心工作样板——阿里巴巴管理三板斧

身为中层，一定要清楚自己的核心工作，清楚自己该做什么，不该做什么，清楚自己做得怎么样。只有这样，中层才能扮演好自己的角色，做好应该做的工作。遗憾的是，在实际工作中，有的中层虽然有做好工作的主观意愿，却在核心工作方面有些含糊。而阿里巴巴早期的管理三板斧可以帮助他们解决这个问题。

众所周知，阿里巴巴非常重视管理三板斧。该企业从管理的角度出发，向企业中的每个管理者都提出了三个要求，也就是说，阿里巴巴每个管理者的核心工作内容都包括三个方面。不过，这并非管理三板斧内容的全部。按照阿里巴巴的权威说法，管理三板斧其实是九板斧。这是因为，在该企业内部，管理者分为高级、中级和初级三类。每个类别的管理者都对应着自己所属类别的三板斧。

九板斧分为头部、腰部和腿部，分别对高级、中级、初级管理者进行经理技能、管理者发展和领导力三个层次的管理培训。其中，基层管理的三板斧（腿部）是：招开人（找人才）、建团队、拿结果，中层管理的三板斧（腰部）是：揪头发、照镜子、闻味道，高层管理的三板斧（头部）是：战略、文化、组织能力。

是不是了解了三板斧的内容，管理者各司其职就万事大吉了呢？还真不是。就拿中层来说吧，并不是只要做到揪头发、照镜子、闻味道就可以了，还需要做好招开人、建团队、拿结果的工作。也就是说，中层要做的核心工作实际上是六板斧。相应地，高层要做的核心工作就是九板斧了。弄清了这个前提之后，下面就让我们一起来重点了解一下中层需要做到的六板斧。

第一，找人才。

在很多人的印象里，找人才就是 HR 的事。在实际工作中，我们经常会遇到这样的情况：HR 花大力气招来的员工工作一段时间之后，工作能力和岗位职责不匹配，无法胜任自己目前的工作。为此，该员工所在部门的部门经理和 HR 互相指责对方没有尽力。

事实真的如此吗？客观地说，该部门需要什么样的员工，只有该部门的管理者最清楚。因此，招人是管理者的职责。中层要花更多的时间去寻找人才。中层找人才的职能要增加，HR 找人才的功能要降低。这是优秀企业的共识。阿里巴巴也因此将找人才放在管理者工作的第一位。

找人才有两个任务：一是第一时间找到合适的人才，为我所用；二是第一时间改造或者去掉不合适的人员。也就是说，找人才包含招人和开人两件事情。

对于中层来说，招人就是要招最适合团队的人，而非最好的人。在招人这个层面，选择比培养更重要。在阿里巴巴，来面试的人能否入选，关键在于，其是否与团队、管理者本人、企业拥有相同的价值观。满足了这个前提，才有下一步合作的可能。

等到了开人这个层面，很多中层就很难从容了。他们觉得，招人的时候最起码拒绝的是陌生人，现在要辞退的是与自己朝夕相处的下属，要是这样做了，自己就变成坏人了。其实，有时候，毁掉整个团队的恰恰是中层这种想要做"好人"的心态。

对于一个中层来说，最重要的是要有点儿魄力。好的中层和好的老板是一样的，他要有"杀手"般的气质，要狠得下心，拉得下脸，说得出口。管理人才有时候就是要坚决拒绝那些对团队来说不适合的人，不要让他们变成影响团队的因素。

俗话说，学好三年，学坏三天。为了所谓的好心将一个不适合团队的员工留下，就是在团队内部埋下了一颗不知道什么时候会被引爆的炸弹，不仅于提升工作效率和业绩无益，还会增加团队的内耗。什么是仁慈？只有当机立断，拒绝不适合的人选，并在离职面谈时为该人提供符合其实际情况的建议，才是中层真正的仁慈。

第二，建团队。

一提"建团队"，有的中层就一脸茫然。自己和部门的同事们难道不是一个团队吗？为什么还要建团队呢？实际上，很多团队并不能称之为团队，称其为"团伙"可能更贴切。在他们眼中，大家就是为利益聚集在一起的人。他们中的每个人都在小心翼翼地盘算着自己的利益，生怕自己吃亏。

不可否认，这样的组合确实能获得一定的短期效益，但由于他们以利益为主要判定标准，所以中层很难做好找人才的工作。时间一长，没有让专业的人做专业的事的弊端就显露出来了：这样的做法不仅很难提高团队成员个人的工作效率和绩效，也很难通过复盘实现整个团队实力的提升。

为了保证自己的人才队伍成为真正的团队，阿里巴巴给"团队"下了一个清晰的定义。在阿里巴巴看来，团队就是一群有情有义的人，做一件有价值、有意义的事。要建成这样的团队，就要从以下几个方面入手：第一，传承企业文化；第二，培训辅导下属；第三，用活动推动积极型团队建设。

在实际工作中，阿里巴巴还将团建细心地分成了思想团建、生活团建和目标团建三类。其中，在思想团建方面，中层要带领团队成员形成统一的团队语言、符号和精神，还要把"我的梦想变成我们的梦想"；在生活团建方面，中层要抓住释放点、甜蜜点、记忆点三个关键，要在一年的时间里，至少带着团队成员做一次体育活动，做一次娱乐活动，进行一次集体聚餐，和每位员工进行一次深度交流,做一次感人事件;在目标团建方面,中层要带领团队成员打好一场"仗"(如"双11"),"战前"通过启内心、给信心、给方法、推气氛做好启动会,"战中"做好"黄金五件事"(即激励和节奏、检查、树标杆、关怀、文化),"战后"要及时兑现荣誉。

第三,拿结果。

除了基层、中层、高层管理有三板斧,在阿里巴巴的框架里,员工的自我管理也有三板斧,就是:定目标,追过程,拿结果,这是做员工的本分。

同样是"拿结果",员工的"拿结果"和中层的"拿结果"有什么区别吗?到底是一样,还是不一样呢?还是有区别的,前者的"拿结果",是要完成个人目标的结果;后者的"拿结果",则是要完成团队目标的结果。

对中层来说,拿结果要从四个方面入手,分别是:目标制定、过程管理、绩效考核与结果应用。

比如,在具体工作中,中层可以根据自己所在企业的生产经营情况,选择周末或周一,去检查本周或上周的实际目标达成情况与预期目标达成的差距。这是件长期的事情,中层每周都要进行检查,检查涉及团队的每一名成员。如果有成员的工作低于目标完成进度,中层要向其提出三个要求,请其做选择:第一,延长工作时间;第二,增加有效工作行为;第三,改善工作方法。当该成员做出选择后,中层还要继续监控后续情况。

从本质上说,无论是找人才、建团队,还是拿结果,都是个

"一二三四"管理落地工程。

第四，揪头发。

揪头发修炼的是管理者的眼界，是培养管理者向上思考、全面思考和系统思考的能力，要上一个台阶看问题，从更大的范围和更长的时间来考虑组织出现的问题，杜绝"屁股决定脑袋"和"小团体抱团"的现象。

在实际工作中，有的中层就吃了眼界方面的亏。因为总是站在很低、很片面的角度，总是在看待问题时存在短视行为，在面对问题时，对问题的理解程度就比应有的理解差上很多。相应地，其制定的解决方案就很难发挥应有的作用。这样一来，不仅会造成项目进度的严重滞后，还会严重影响团队的士气。如果能站在更高的位置去看问题，站在全局的角度去看问题，情况就会大不一样。

第五，照镜子。

照镜子修炼的是管理者的胸怀，是一种自省行为。古人说，以铜为镜，可以正衣冠；以古为镜，可以知兴替；以人为镜，可以知得失。中层要时常照镜子，进行批评与自我批评，进行自省。

在阿里巴巴，照镜子有"三照"：一是做自己的镜子——找到内心强大的自己，感受强大的自我，在痛苦中坚持自己，成就别人；二是做别人的镜子——中层要成为下属的镜子，在合适的时候给下属以反馈，要主动创造条件，帮助下属成长和发展；三是以别人为镜子——中层要以下属和上级为镜子，从不同的镜子中发现自己、认知自己，从而完善自我，成就团队组织。

第六，闻味道。

闻味道考验的是管理者的判断力和敏感力，修炼的是心力。在实际工作中，闻味道主要有两个任务：一是"闻"发展的苗头，二是"闻"自己和下属的行为、表现与团队的价值观是否匹配。

阿里巴巴认为，任何一个团队的氛围，其实就是管理者"自我味道"的体现与放大，一个管理者的"味道"就是一个团队的空气，无时无刻不在影响着团队里每个人思考和做事的方式，尤其影响团队内部的协作以及跨团队之间的协作。作为优秀的中高层，一定要有的"味道"是：简单信任。

管理者要有能力去把握和识别团队的"味道"，通过观察员工的情绪、工作氛围，找到正面或负面的信息，及早防微杜渐。在这个过程中，管理者还需要特别注意一点，即一定不要被表面现象迷惑，而要"闻"到表面背后隐藏的本质，"闻"到人的内心。

在对整个管理角色的理解中，阿里巴巴管理三板斧提供了中层核心工作的样板，是对每一个中层的反思、提醒和督导，为每一个中层指明了做事的方向，明确了什么事该做，什么事不该做。在日常工作中，中层可以借助这个样板有效地展开自己的管理工作。要让这个样板有效地发挥作用，还需要中层发扬凡事到位的精神。凡事有结果，事情才能越做越好，中层的管理才能越来越成功。

中层要保持积极的心态

对于管理角色的认知,并不仅限于前文所述,还有一些其他情况。比如,有些中层对于阿里巴巴管理三板斧等不以为然,甚至会有些抱怨;有些中层表示自己常在工作中两头受气;也有些中层天天疲于奔命……同样是中层,为什么有人能做到得心应手、轻松管理呢?

其实,无论两头受气、疲于奔命也好,得心应手、轻松管理也罢,都在中层的一念之间。一念之间从本质上来讲是一个人的心态。一个人是阳光,还是阴暗,在一念之间;是积极,还是消极,在一念之间;是选择抱怨,还是选择感恩,同样在一念之间。选择不同,心态也就不同。

我外出讲课时，有学员跟我讲："老师，我感觉我所在的公司就是个'地狱'。"碰到这样的"非常反馈"，我都会坚定地告诉他："你到你认为的'天堂'去吧。等到那里以后，你就会发现那里更是个'地狱'。"我这样回答并非是危言耸听。因为天堂和地狱的界定不在外界，而在每个人的心里。这名学员最大的问题出在心态上。他认定公司是地狱，不仅很难产生工作积极性，踏踏实实做好自己负责的业务，还会给团队内外的沟通、合作带来消极的影响。如果他是负责一个团队的中层，整个团队都会被严重的消极氛围笼罩，对企业运营的破坏力会更大。

有鉴于此，在实际工作中，保持积极的心态，就成为中层履行自己管理角色职责的重要保证。那么，中层如何做才能保持积极的心态呢？可以从对待得失和失败两件事上进行修炼。

先来看得失。人生在世，常会怀有两种心：一种是舍得心，一种是得失心。自古以来，舍得就是影响人生选择的一个重要概念。"舍"在前，"得"在后，如果要有所"得"（回报）就要先"舍"（付出）。古人认为，有舍才有得，大舍大得，小舍小得，不舍不得。今人也在诸多哲学理念和社会阅历的加持下，将舍得视为道德和做事方面的崇高境界。

相比之下，人们对得失的认知就多种多样了。有人认为，得失就是成败；有人认为，得失就是利弊；有人认为，得失就是名利的得到与失去；有人认为，得失就是赢利与亏本；有人认为，得失就是是非曲直，正确与错误；有人认为，得失就是好坏、优劣；有人认为，得失是个偏义复词,偏指失,即过失。尽管认知多样,但它们都有一个共同点,就是先要得到。"得"牵扯着芸芸众生的心。

现在很多老板和员工之间的冲突本质上就是舍得和得失的冲突。如果有一个员工吊儿郎当,你去问他:"你怎么不好好干呢?"他会来一句:"哼,老大都不给我涨工资,我怎么可能给他好好干?"这就是员工的逻辑。你再去问老板:"老大,你干吗不给那个小伙子涨点儿工资啊?"老板说:"哼,我还给他涨工资?那家伙都不好好干。"这是老板的逻辑。员工有员工的计较,老板有老板的计较,二者说的好像都有一定的道理。

不过,我们需要明白一点:对于员工来说,你不好好干,给你涨工资就是一件违反公理的事。如果你好好干了,老板还没给你涨工资,那么违反公理的人就成了老板。无论违反公理的人是谁,要想实现涨工资的目标,好好干是重要的前提。也就是说,员工要先调整好自己的心态,少计较一些得失,先努力工作再说其他的。

中层在具体工作中遇到的事情会比普通员工更多、更复杂,如果过于在意得失,斤斤计较,就很难激发自己的工作积极性,也容易影响团队士气,变得难以服众。只有多一些舍得,少在意一些得失,中层才能保持积极的心态,才能远离烦恼丛生、牢骚满腹的人生陷阱,才能正常履行自己的职责。

再来看失败。通常情况下,人们是怎么看待失败的呢?有人认为,失败为自己提供了一个查漏补缺的机会,好好地利用这个机会,可以让自己不断地进步;有人认为,失败对自己来说就是一种耻辱,让自己既丢面子又前途无光，恨不得找个洞躲起来。

到底哪方观点是正确的呢？这些观点本身没有正误之分，它们的区别只在人们的一念之间。我们需要明白的是，失败本身并不会影响你，真正影响你的是你用什么样的心态去看待失败。

对于中层来说，如果以消极的心态去看待失败，不仅会导致自己心态失衡，让自己的水平出现退化现象，还会将这些负能量传递给团队，使得整个团队变得乌烟瘴气，进而影响整个团队的工作效率、绩效和企业的组织健康。如果以积极的心态看待失败，就能让自己"吃一堑，长一智"，进而让失败帮助自己完成进化，让其成为指导整个团队智慧的营养。

稻盛和夫认为，组织的好坏取决于领导者的心。这个"心"不仅是良心，还包括心性、心灵、心态等。在实际工作中，中层保持积极的心态，不仅可以帮助自己保持稳定的情绪，有效地发挥自己业务领导者的作用，还可以在团队中塑造和谐融洽的工作氛围，进而帮助整个团队提高工作效率。

优秀企业新中层的三大角色定位

站在管理者的角度来讲，每一名管理者都应该要有管理者的基本认知。对于优秀企业新中层而言，其角色定位主要包括以下几个方面。

要做企业的"三承三启"者

中层是企业管理的中坚力量，也是企业普通员工的直接管理者，在企业的运营过程中始终处在"兵头将尾"的位置。身为一名中层，要想使自己变得优秀，就要扮演好"三承三启"者的角色。所谓"三承三启"，是指承上启下，承前启后，承点起面。

在实际工作中，单打独斗并不可取，中层要把自己纳入到组织中，要做承接者，要传承有道，而不要做传递者。具体说来，中层既要严格执行决策层的意图和战略决策（承上级的思想），又要照顾员工的积极性，激励员工按照计划执行（启下级的人心）；既要遵循企业既定的规范、准则（承过往的经验），又要灵活机动地调整局部战术，应对新情况（启未来的磨炼）；既要发挥个人的业务优势，让"专业的人做专业的事"（承个体的力量），又要发挥团队的综合优势，让解决方式更加多元（启团队的智慧）。

如果不能做好企业的"三承三启"者，中层就不能发挥自己应有的作用，就会对企业的管理和决策的贯彻形成很大的阻力。信息扭曲则是中层在行使"三承三启"者职权的过程中会遇到的最可怕的情况。一旦出现这种情况，企业组织的健康就会遭到很大程度的破坏，甚至会影响整个企业未来的发展。只有中层成功地履行"三承三启"者的职权，企业组织的健康才能得到有效保障，进而为企业的可持续发展奠定坚实基础。

要做业务/专业的带头人及辅导者

目前，不少中小企业都面临着一个尴尬的问题，大多数情况下，让某人成为中层，并不是这个人已经足够专业，而是企业里实在没人可用，属于"矮子里面选将军"，目前的这些人当中他可能更加合适一点，但并不意味着他与中层的岗位是匹配的。老板很清楚这一点，很希望中层能尽快变得专业起来，能独当一面。

管理学家大前研一认为，专业是21世纪唯一的生存之道。做中层，不专业是很尴尬的。很多时候，专业就是有效沟通的"敲门砖"。一旦中层出现不专业的表现，被人指指点点不说，还会严重影响其权威性，导致团队变得难带。这也是所有中层必须特别注意的一个地方。

一名优秀的中层时刻不会忘记不断地吸取知识，使自己拥有合理的知识结构，使自己在业务方面的优势不断累积，让自己在业务/专业的带头人层面上不断升级。唯有成为业务/专业的带头人，中层才能成为名副其实的中层，才能真正发挥出应有的作用，才能有效地推进项目执行落地，才能在团队内外建立起权威，实现有效沟通。

当然，作为中层，仅仅自己专业是不够的。一名优秀的中层还需要让他带领的团队同样专业起来。也就是说，他需要在日常工作中扮演教练的角色。教练工作主要包括训练、辅导、参谋、揭露矛盾和教育。

其中，训练工作要求中层具备倾听的能力以及表达赞赏、感谢的能力，通常适用于员工首次做某事之前或之后要进行特殊的鼓励时，或在纠正员工错误时。辅导就是帮助有潜力的员工充分发挥自己的能力。参谋就是当发生问题、工作受到影响时，中层要给予员工建设性意见、支持和鼓励，并与员工进行双向讨论。揭露矛盾就是把工作中存在的问题、员工的重大工作失误正面地公布出来，由众人一起来解决问题，纠正错误。教育就是进行员工培训。

需要特别注意的是，中层在帮助团队成员变得专业的过程中，不宜对下属下达过于详尽的指令。如果指令过于详尽，就很容易让下属养成依赖的心理。中层费了很大的力气，到头来，不仅不能提升工作效率，更谈不上培养人才。毕竟只有独立自主，才能独当一面。对中层而言，最重要的工作就是启发下属的自主能力，使每个人都能独立作业，而不是让他们成为唯命是从的傀儡。

做下属心态的建设者、行为的监控者和发展策略的建议者

除了对下属进行业务技能辅导，中层还需要成为他们心态的建设者、行为的监控者和发展策略的建议者。要让下属明白自己的责任及发展路径，中层就要帮助他们理解人生的七个发展阶段（我把它们称为"七历"）。

20～29岁的人普遍重视学历。初入职场的菜鸟没有任何工作经验，除非有特别突出的实习／创业经验，否则从北京大学、浙江大学这些"双一流"大学毕业的学生普遍会比普通院校毕业的拥有更好的工作机会。

30～39岁的人普遍重视能力，讲究"是骡子是马牵出来遛遛"，看谁做得更好，谁的价值更大。一个年龄在30岁以上的人，如果出去找工作，目标单位还要求他／她拿出各种证书，很多时候得到的

只是工资不高的基础岗位。① 要是他的能力在业内有目共睹，他可以选择的余地就更大一些。

到了40岁，能力还占据着比较重要的地位，但人生阅历才是关键。有人说，一个没有在深夜号啕大哭的老板，算不得好老板。从表面看来，这话满是调侃，实际上表达的是，作为一个老板，控制情绪的能力很重要。只有在三更半夜，才能发泄自己的情绪。除了控制情绪，你能经受寂寞吗？能饱受委屈吗？能尽管自己身处逆境，依然从容自在吗？能换位思考吗？能反思自己吗？这些能力都在阅历里。

古人讲，三十而立，四十不惑，五十而知天命。人的一生，50岁以前尽人事，50岁以后知天命。50～59岁这段时间太重要了。进入50岁之后，财力变得更为重要。这里的财力并不是指一个人赚了多少钱，不是"我赚了3000万元，你赚了300万元，我的经济实力比你强"，而是指他花了多少钱，即花钱的能力。一个人到了50岁，都还没有学会花钱，他的"知天命"生活也不会过得太舒服。

60～69岁的人重视的就是体力了。他能动，他厉害。你能动，你厉害。你能干得动活，你厉害。人一到60岁，出于生理原因，会发现自己的体力跟之前比严重下降了。有一个老板跟我聊天时，说过这样一句话："方老师，我今年62岁，归纳起来就一句话——'万般皆下降，唯有血压高'。"这个老板说的确实并非个别现象。身体素

---

① 目前，有些体制内单位提供的基础岗位工资高于所在地的平均工资水平，岗位要求包括提供学历证书在内，拟聘任人员的年龄在35岁以内（有时视情况需要还会放宽）。

质下降，收入下降，业绩下降，是60岁及60岁以上还奋斗在工作一线的人要面对的普遍现实。这也是世界各国大多将退休年龄定在60岁左右（女性会稍早一些）的原因。

70岁的人重视的是定力，80岁的人……

了解了人生的七个发展阶段，人们就会对人性拥有更深的理解。人生到了一定阶段，大家就要面临两件比较重要的事情：一件是别离，一件是如何花钱。

前几年，有一部热播电视剧叫作《小别离》。该剧围绕中学生出国这一主题展开，讲述了三个家庭面对孩子升学、留学、青春期的故事。虽然并非所有的家庭都有足够的经济实力供自家孩子出国留学，但剧中传达的理念是共通的：孩子要住校了，要跟父母分开，这是一种别离；孩子事业有成，经常在外出差，与父母联系只能靠视频，这是一种别离；孩子独自在外打拼，父母远在家乡，这也是一种别离……别离实际上已经成为人生的常态。于是，如何处理别离带来的心理波动就成为人们经常要做的事情。

一旦这种别离带来的心理波动被人们带进职场，就会在很大程度上对企业造成影响，轻则影响具体业务项目的进度，重则影响企业的可持续发展。这时，中层就要在合适的时机介入，对下属进行心态的引导，帮助他们建设稳定的情绪。

除了要调节自己的情绪，人们还要面临如何花钱的问题。前文提过，50~59岁的人对财力（即花钱能力）最为重视，但实际上花钱这件事是贯穿整个人生历程的。而且，金钱的有效价值度往往是逐年下降的。

以1000元钱带给不同年龄阶段的人的价值为例，对于20岁的人来说，1000元可以用于做各种尝试；对于30岁的人来说，1000元多用于投资……对于60岁的人来说，1000元多半会被存进银行……对于80岁的人来说，1000元多半会用于日常生活，很多时候会用来买药。

由此可见，要提高金钱给我们带来的整体价值创造度，就要在适当的时间把钱花掉，并且把钱花在有意义的地方。

对于很多人来说，买房是刚需。那么，要不要把钱攒够了再去买呢？可以。不过，大部分人收入没有那么高，这时就需要按揭（即贷款买房）。

一个人如果有房贷、车贷要还，他工作起来就会很有积极性。我在辅导企业的时候就尊重了这一现实。我会要求该企业的总经理、相关部门的部门经理、人力资源部门负责人，掌握该部门员工车子和房子的动态。如果该企业单身员工比较多，还可以鼓励员工谈恋爱。谈恋爱不仅是人之常情，还会拉升一个人的生活成本。为了应对生活成本的拉升，员工工作起来也会比较积极。这样一来，部门经理在引导、督促员工进步的时候，就不会过于生硬，也不会盲目地"唯目标论"。

每个人都要活在当下。对于每一个中层来讲，一定要清楚身为管理者的职责，从当下出发，按照人生发展阶段和人性的规律引导下属，从而推动自身角色的转变。

6
新中层必备的六大职业素养

用规矩打造高效的执行力

人们常说，没有规矩，不成方圆。无论做什么事情，守规矩都是非常重要的。如果遇到不守规矩的人，身为管理者的你就要狠得下心，拉得下脸，说得出口。当你做到这些的时候，规矩才能被遵守。作为一个管理者，没有魄力，爱憎不分明，员工就不会遵守规矩。至于亮眼的业绩，高效的执行力，更没有实现的可能。那么，管理者如何做才能让下属遵守规矩呢？归纳起来就是——"有法可依，有法必依，执法必严，违法必究"。"执法不严"，"违法不纠"，规矩就是一纸空谈。

举个例子。比如，蒙牛餐厅就对就餐的人提出了这样的要求——

吃多少饭，用多少菜，喝多少汤，打多少饭，如有剩饭剩菜（汤）者，一律向希望工程捐款50元。这叫"有法必依，执法必严"。为了"违法必究"，餐厅11点半营业，4位负责检查的同事11点就提前就餐，餐厅营业后他们就站在用于收餐具的餐台开始检查"执法"。我带着团队去蒙牛参访时，专门去他们的餐厅吃过工作餐，现场体验了蒙牛的这些规矩。餐后，我还专门去看了蒙牛的餐台，餐盘都非常干净。据蒙牛的同人介绍，因为这一项，蒙牛每年可以省去的经费大概有七八百万元。

　　国有国法，家有家规，企业有企业的规章制度。无论是国法、家规，还是企业的规章制度，都是对规矩的认可和建设。有的人认为自己不需要这些，应该追求自由，可丢掉了这些条条框框，也就拆解了企业最起码的构成。规章制度的建设正是企业可持续发展进行到第二个阶段——"法治"阶段的必由之路。而"法治"同样是企业可持续发展最难的阶段。同样是面对前进路上的困难，有的人还在纠结要制度还是要自由，有的人却已经率先做出了成绩，将自己的企业文化融会在规章制度里。

　　现在做企业确实比以前艰难得多，因为总有太多的新鲜事物和不确定性随时会对企业提出新的要求，或随时发起新的挑战。不过，这并不是放弃规章制度的借口和理由。面对这些新鲜事物和不确定性，身为管理者，特别是中层，需要先稳住企业的基本盘，不能自乱阵脚。而在稳住企业基本盘的过程中，企业的规章制度将起到非常重要的作用。

如果排除了企业规章制度的参与，整个工作就会变得一团糟：项目推进缓慢，员工因为工作无章可循变得效率低下，中层失去了把握项目执行的方向盘，甚至造成部门内耗及操作体系的紊乱……因此，作为企业的中层，应该具备强大的标准意识和制度意识，以企业的规章制度为准绳，并从内心认认真真遵守。

▪▪▪▪▪ 用细节管理打造核心竞争力

古语说,千里之堤,溃于蚁穴。真正做事的人都是很重视细节的,他们很清楚,一切都隐藏在细节里。现实生活中,因为不重视细节导致失败甚至大灾难的事情比比皆是。泰坦尼克号的沉没就是其中一个典型。

当时,如果瞭望员能及时发现"惹祸"的冰山,通知轮船转弯,悲剧也许就不会发生了。遗憾的是,关键时刻能救人一命的望远镜被离职的二副锁在柜子里,而且因为行色匆匆他没有留下钥匙。瞭望员也没有及时向上反映,没有砸锁开柜拿出望远镜,只用肉眼观察,等其发现险情,一切都已经来不及了。一个没有注意细节的交接让登上这艘巨轮的大部分人付出了生命的代价。

做企业也是一样，必须要特别重视细节。现在很多企业都在打造细节竞争力。打造细节竞争力是非常关键的，执行战略的关键就在于细节的执行。只有掌控细节、执行细节、贯彻细节，企业才能提升自身的竞争力。竞争力看似是一个很大的课题，其实就是在细微之处竞争。

战略就如衣服的左襟，执行则如衣服的右襟，空洞地高喊战略或执行，都会让员工感觉无所适从。而细节管理就是衣服的纽扣，用它才能把战略与执行有机地连接起来。中层则恰恰是企业进行细节管理的核心力量。所有的中层都应该明白，自己的细节观能够决定一家企业的成长。那么，中层如何做才能有效地推行细节管理呢？答案就是构造一条细节链。

构造细节链是一项循序渐进的工作，要经过复杂化—简化—标准化—固化—优化等五个阶段。

开始的时候，中层需要先做好基本功。怎么才能把细节管理的基本功做到位呢？具体来说，就是思考的时候要想得复杂一些，全面一些，要进行系统性思考，但实际操作的时候要简化一些，把不必要、不重要的细节全部删掉。

把基本功做到位之后，中层才能对保留下来的重要事务进行分解，形成标准化。经历了标准化之后，细节管理就变得有章可循，有规则可循。不过，规则并非细节管理的终点，还需要中层不断去推动和固化。

在推动规则固化的过程中,有一点需要特别注意,那就是要让专业的人做专业的事。有的老板喜欢亲力亲为,不管是公司经营的大方向,还是涉及产品生产的某个细节,都喜欢过问。其实,这是一种经营的浪费。对于一家公司的老板来说,要很懂管理,但要少去做管理。老板要推动公司去管理,推动各管理者去管理。一定要把管理交还给管理者,交还给公司,交还给系统。老板一定要从日常管理中抽出身来,回归经营,更多地去关注产品、客户、市场、品牌。否则,一定会迷失在焦头烂额的管理中,甚至会有走到穷途末路的危险。

让专业的人做专业的事,不仅可以最大限度地保证工作效率,提高团队的执行力,还可以避免因老板不熟悉具体业务而造成的资源浪费、成本上升。解放老板,让其回归经营,同时让专业的人做专业的事,企业方能实现健康快速的可持续发展。

不过,并非做好规则固化工作就能一劳永逸了。在具体的固化过程中,规则的一些不足之处会显露出来,这就需要中层对规则进行优化、改进。完成优化,一条完整的细节链才构建完成。而持续纠偏正是细节管理的核心。中层可以用 PDCA 等管理工具来做这项工作。

■■■■ 固化员工良好的行为习惯

在实际工作中,有的中层没有认清自己的角色,总想着在团队成员面前扮演"老好人",不敢坚持原则,谁都不想得罪,好坏不分,是非不明,不敢直面不良行为、不正风气。结果,他越是表现得"心慈手软",整个团队就表现得越糟糕,越自由散漫。

要扭转这种形势,就需要中层在遇到一些违反企业行为准则或规章制度的行为时,第一时间进行制止,坚持以行为准则或规章制度为标准,做到正确的,坚持;错误的,反对。

任何一个微小的问题或错误,都会因中层不去制止而很快蔓延开来。千万不要认为今天一个很小的错误发生在某个员工身上只是小事一桩。如果今天不注意，明天就可能产生更大的问题。大家都知道一颗钉子毁了一个国家的故事，同样地，一个小错误可能也会引发整个企业的崩溃。

中层是企业制度、流程最重要的捍卫者，中层的不作为或纵容将严重降低组织的效率，这也是导致团队整体执行力低下的一个重要原因。要避免产生这样的结果，就需要中层发挥自己应有的作用，固化员工良好的行为习惯，反复抓，抓反复，千万不要因为觉得有些事情很简单、很容易就不去做。

其实，即便是那些不简单、不容易的事情，也并不神秘。能够把简单的事情天天做好，就是不简单。把大家公认非常容易的事情认真地做好，就是不容易。无数企业的实践都证明了一点：简单的招式练到极致就是绝招。固化员工良好的行为习惯这件事看起来简单，但真的做好了，不仅会有效地提高员工个人的工作效率，还会极大地提升团队的执行力。

那么，中层如何做才能固化员工良好的行为习惯呢？这里就需要行为心理学来帮忙了。

行为心理学的研究结果表明：21天以上的重复会形成习惯，90天以上的重复会形成稳固的习惯。这就给我们以很大的启发：21天、90天是固化员工习惯的两个重要节点。无论是什么样的规章制度、要求规范，中层只需要在前面21天狠抓、严抓落实，凡事到位，在前面90天做好重复稳固工作，员工就是想要粗枝大叶都没有机会。这样一来，员工良好的行为习惯就形成并固化下来了，他们的工作效率和执行力也大大提高了。

以身作则，说到做到

中层在企业中肩负着承上启下的重任，既要做好公司战略的执行者、战术决策的制定者，又要做好基层员工的管理者，还要做好高层和基层的沟通者。这就对中层自身的职业素养提出了更高的要求。以身作则，说到做到就是其中非常重要的一环。

在具体工作中，中层需要对公司战略、自己制定的战术决策以身作则，身体力行；对自己做出的承诺，要言必行，行必果。只有管理者以身作则，言行一致，员工才会心悦诚服地接受管理者的领导。

众所周知，现在越来越多的企业开始重视员工培训了，每年都要花费大量的人力、物力、财力来做这件事。遗憾的是，有些时候，一些员工由于具体负责的工作又多又杂，对参加培训就表现得不那么积极，觉得是浪费时间，自己还得利用额外的时间去完成分内的工作。这时，除了耐心的沟通，管理者的以身作则，积极参与更能为员工起到榜样作用。

因为工作性质，我经常会去一些公司讲课。有一次，我接受了一家集团公司的邀请。事先，该公司负责对接此次培训的人力资源总监告诉我，参加培训的是公司一线的500多名同事。一到现场，我还是吃了一惊，该公司17位中高层管理者全部着正装坐在了第一排。整整三节课下来，他们一直认真听讲，没有一个人提前离开，也没有一个人低头回微信或去外面打电话。

当天的培训很顺利，参与培训的同事没有一个人迟到早退，也没有一个人不认真听讲。唯一的插曲就是中高层管理者们表情太严肃了，包括我和一线的500多名同事在内，大家都感觉全身肌肉紧张，神经紧绷，不敢随便笑了（舒心的微笑对于职场人士的影响详见第11章）。

虽然该公司的中高层管理者太严肃了，但他们以身作则，发挥了非常好的榜样力量。整场培训没有一个人提前离开，也没有一个人低头回微信或去外面打电话，大家都认认真真地听课，从头听到尾。唯有如此，该公司请我去的目的才达到了，员工们也能学到自己需要的知识。

除了以身作则，言行一致对中层来说也是非常重要的。有的中层喜欢"画大饼"，比如他会向本部门的同事许诺，如果在某个期限之前完成老总交代的项目，就跟大家平分奖金，还要帮助对本项目贡献最大的两个人加薪。大家一听，虽然加薪的名额有限，但奖金人人有份，那就甩开膀子干吧。于是，在大家的通力合作下，任务圆满完成。

这下该"论功行赏"，兑现承诺了吧? 没想到这奖励让人大跌眼镜。奖金方面，部门经理占90%，团队成员占10%；加薪方面，名额只有一个，赫然就是部门经理本人。消息一经证实，大家一片哗然。此后，部门经理在部门内的威信大受影响。再有重点或紧急项目，也很难得到大家的全力配合。究其原因，都是他言行不一惹的祸。

以身作则，言行一致，只是简单的八个字，但其重要性不容小觑。爱因斯坦说："以身作则不是影响他人的主要途径，而是唯一方法。"由于领导力本质上是一种影响力，所以以身作则是构建现代领导力的核心基础。而说到做到是一种诚信的表现，这是赢得下属信赖的基础。以身作则树立了中层的"威"，说到做到树立了中层的"信"，双管齐下才能树立起中层的"威信"。

■■■■ 自动自发，全力以赴

对于中层而言，自动自发，全力以赴并非理想境界，而是必备的职业素养。中层只有在工作中投入较多的精力，善于发现和创造新的机会，提前预计事情发生的可能性，有计划地采取行动，才能有效地提高工作绩效，避免问题的发生，创造新的机遇。遗憾的是，有些中层并没有意识到这些，反而在具体工作中表现出一些非常不职业的行为。

不职业的行为一："做一天和尚撞一天钟"。

有的中层在具体工作中缺乏必要的主动性，没有花精力和时间研究本部门的人员和其他情况，只满足于做高层的"应声虫"，张嘴闭嘴就是"李总说""王总说",也不管所谓的"李总说""王总说"是不是符合本部门的实际情况,是不是对本部门负责的项目"对症下药"。这就是典型的"做一天和尚撞一天钟"。这类中层消极保守,对目前的工作缺乏起码的热情,不愿意像身为一线员工时那样尽心尽力,只求一切按部就班,得过且过,最好不出错。

不职业的行为二:整天自以为是,"上有政策,下有对策"。

整天自以为是的中层有一个突出的特点,那就是自信得过了头。他们以为自己是整个企业中最聪明的人,那些高层个个不如自己,还喜欢瞎指挥,自己一定要"拨乱反正",让整个部门在正确的指令下工作。

诚然,每个人都不是完人,高层也有自己的不足之处。而且,有时候由于该项目在实施过程中会遇到一些新问题、新情况,充满了不确定性,高层提出的思路、观点、见解、要求也是需要具体验证的。此时,中层盲目地搞"上有政策,下有对策",不仅可能对新问题、新情况的应对没有半分促进,还可能造成团队内人心浮动,使得具体负责项目推进工作的人不知所措,进而打乱整个项目的推进节奏。这样一来,无论是对企业、对团队,还是对中层个人,都会带来不可预料的损失。

不职业的行为三:牢骚满腹,怨天尤人,一切问题都是别人带来的。

牢骚满腹、喜欢怨天尤人的中层最大的问题就在于只发现问题,不解决问题。他们为什么会牢骚满腹,怨天尤人?就是因为看到了问题。这充分说明，此类中层的眼光是敏锐的。不过，他们没有将自己关注的重点放在寻找问题的解决方案上，而是在分析问题出现的原因上钻了牛角尖，觉得一切问题都是别人带来的，"班子不团结，领导不支持，同事不好处"……

大家都清楚，外因是通过内因起作用的，也就是说，"一切问题都是别人带来的"这个结论在逻辑上根本站不住脚。再者，就算这个结论成立，中层也该有下一步的行动，知道了原因，接下来不应该找解决方案吗？怨天尤人不等于原地不动吗？这样做从根本上背离了中层的职责，对中层的个人发展也毫无益处。

……

中层往往正处在人生发展的中途，若要想继续向前发展，就必须为自己所做的这项事业尽心尽力、尽职尽责。只有这样，才能获得各方面的支持和认可，才能领取不断向前发展的许可证。如果被一些私心杂念蒙蔽了双眼，经常做出一些不职业的行为，就非常可惜了。中层只有主动排除心理杂念，放下架子，放下成见，虚心学习，坦诚待人，才能成为成功的管理者。

此外，还有一点需要特别注意，那就是全力以赴不等于事事亲力亲为。在实际工作中，中层需要根据具体情况学会对下属适度授权。这样一来，中层不仅可以集中精力做好重要的工作，还可以增强自己与下属之间的信任度，提升团队士气。

▪▪▪▪▪ 保持务实并且积极的态度

数字经济时代的到来、数字化转型的加剧，给企业和职场都带来了更多的不确定性，也给中层的工作带来了一些意想不到的新问题和新情况。此时，如果中层没有务实并且积极的态度，就可能被一团乱麻缠住，迎来职场生涯的滑铁卢。那么，中层要保持务实并且积极的态度，需要做出哪些努力呢？

首先，要坦然接受不确定性加剧的现实，了解这些新变化从何而来，在项目推进过程中进行同步关注和主动探询。

一切事物都是在不断变化发展的，不确定性一直都是存在的，只是因为数字经济和数字化转型加剧了它而已。既然这样，中层就要放下思想包袱，主动去拥抱不确定性，积极了解这些新变化从何而来，仔细研究这些新变化给自己工作带来的影响，认真学习新的专业知识。

除此之外，中层在具体项目的推进过程中还要进行同步关注和主动探询。其中，同步关注是指不仅要关注最终的结果，还要关注过程中阶段性的结果，关注过程中个人和团队有什么收获。主动探询是指从项目启动到推进的过程中，主动从团队内外获取信息。做到同步关注和主动探询，中层就可以有效地掌握团队内外的动向，相对准确地做出预判，及时调整项目推进过程中的不规范之处。

其次，要保持团队内外沟通顺畅，正确地开展异性管理和上级管理。

由于不确定性的加剧，有的中层变得畏手畏脚，不敢轻易出招，生怕做错什么。其实，大可不必如此。现实情况是，不确定性越强，中层越需要保持团队内外沟通顺畅，而非人为地为自己设置沟通障碍。而要保持团队内外沟通顺畅，就要正确地展开异性管理和上级管理。

异性管理并不难理解。除了团队成员是全员男性或全员女性的情况，中层通常都需要跟异性同事打交道。此时，中层需要把握一定的"度"，而非与对方建立起什么亲密关系。因为一旦传出"办公室绯闻"，不仅会给双方带来非常大的负面影响，还会背离与异性同事保持顺畅沟通的初衷。

跟异性管理相比，上级管理是所有中层都必须要面对的课题。

管理实际上是一个双向的过程。管理学家彼得·德鲁克认为，管理上级是下属经理人的责任和成为卓有成效的经理人的关键。对于中层来说，为上级提供适时的建议、委婉的劝阻等，可以把上级变成个人和团队的最佳盟友。这样一来，在具体工作中，双方的配合会更加默契，中层更可以在解决新问题、新情况之时借助上级的智慧。

最后，要摒弃"不顾企业利益，只顾部门利益"的职场陋习。

作为企业的中流砥柱，中层不仅要做好个人的工作，管理好团队，更要顾及企业的利益。只有这样，才能走出个人和企业发展冲突的误区。

遗憾的是，在实际工作中，有些中层往往会忽视企业愿景、战略规划和组织执行中的绩效导向，而将工作重心移到获取更大的部门利益上。他们常常会将大部分精力放在拉帮结派、左右逢源上，对时间、要求、质量、责任全然不顾，得过且过，敷衍了事。到最后，作为企业主要利益表现的产品，其质量、品质和后期的维护均会受到极大的影响；企业的口碑和凝聚力也会遭到一定程度的破坏。

只有静下心来，正视自己与企业利益之间的关系，脚踏实地，一切从实际出发，认真研究用户需求和市场，中层才能真正成为职业岗位的胜任者，才能在充满不确定的形势下做出有效而准确的决策，才能真正推动企业的可持续发展。

张瑞敏的影响在于让员工形成不断变革的意识，让企业在踏踏实实、埋头苦干中不断长大。中层无论做人、做事，还是企业管理，都应当踏踏实实、积极有为。只有一切从实际出发,从大处着手,从小事做起,拒绝浮躁的心态,多做平凡而细致的管理工作,才能够真正成为职业岗位的胜任者,才能真正推动企业的发展。

7

中层要承担团队体系化建设的重任

7 中层要承担团队体系化建设的重任

■■■■ 企业地基建设的重要性

很多企业家都对通用电气前CEO杰克·韦尔奇比较熟悉。韦尔奇花了20年时间把通用电气打造成世界上数一数二的公司，退休后又把自己的经历写成了三本书，分别是《商业的本质》《赢》《杰克·韦尔奇自传》。这三本书都是享誉世界的管理类畅销书，让全世界的企业家都对韦尔奇充满了敬佩和好奇。中国很多企业家都请他来做分享。

韦尔奇有个著名的观点："毫无疑问，人力资源的负责人应该是任何组织的第二号重要人物。"在他看来，"最出色的人力资源经理是各种角色的综合体：一种角色是牧师，他能倾听你的忏悔和抱怨，丝毫不加以反驳；另一种角色是父母，给你关爱和教育，在你脱离轨道的时候迅速提供援助。"

韦尔奇不愧是备受大众赞誉的"最懂 HR 的 CEO"。在执掌通用电气的 20 年里，他已经深深地懂得，优秀的人力资源体系对于企业的可持续发展起到了第一性的支撑作用，优秀的人力资源体系就是企业发展的坚实地基。

知名餐饮品牌海底捞也勘破了这个秘密。海底捞的创始人张勇有这样的一个观点：我们的核心竞争力从来都不是服务。这跟大多数人的认知大相径庭。去吃过海底捞火锅的人都知道，海底捞的服务相当棒，于是大家认为服务就是海底捞的核心竞争力。那么，到底是哪种观点是对的呢？

张勇是海底捞的创始人，熟谙海底捞的经营之秘；海底捞服务出色也是有目共睹，二者貌似都有一定的道理。不过，大家有没有想过一个问题，那就是海底捞的员工能自动自发地提供这么出色的服务，背后究竟有着什么样的逻辑和秘诀呢？弄明白这个逻辑和秘诀，海底捞核心竞争力的秘密自然也会被破解。

作为餐饮行业的佼佼者，海底捞经常接待前来就餐、学习的同行。有一天，200 多名来自百胜中国旗下的必胜客、肯德基的区域经理来到海底捞北京牡丹园店聚餐。一下子来了这么多客人，还是友商，顿时把海底捞的员工吓了一跳。不过，他们很快就缓过神来，为这群特殊的客人提供了周到的服务。亲自体验了坊间传闻的极致服务后，客人们不禁发出了惊叹：海底捞怎么可以把服务做得这么好？

其实，这些区域经理主要是为了来海底捞"取经"的，吃火锅反而不是初衷。稍后，百胜中国的高层又请海底捞创始人张勇专门去做分享。分享持续了3个小时，大家提了很多问题。一位同事讲出了大家的心声："海底捞服务如此出色，是怎么做到的？你们是怎么让员工做到主动服务的，而且还是自动自发地对客人热情？"

张勇给出的答案却没那么神秘。他说："我们要把员工当人看。"此言一出，大家议论纷纷。

今时今日，还有人敢不把员工当人看？这也太不可思议了吧？其实，我们不要嘲笑张勇，他说的这句话是有一定内涵的。"不把员工当人看"，并非是对员工进行身心虐待或人格侮辱，而是说个别企业只把员工当作企业经营的工具，既没有考虑他们的正常需求，又没有为他们提供必要的保障。既然要把员工当人看，就要洞察人性、尊重人性、顺应人性。不能洞察人性、尊重人性、顺应人性的企业，很难得到员工的真心支持，也很难提升自身的竞争力。

张勇的这句"我们要把员工当人看"，表述比较直白，但其核心内涵是隐藏在后面的海底捞"家文化"。海底捞像照顾家人一样无微不至地照顾着自己的员工，为他们安排有物业管理、离他们工作的门店步行不超过20分钟的小区做宿舍，还给员工宿舍配备电视机、洗衣机、空调、电脑等生活用品，安排保洁阿姨定期打扫卫生。更让人感动的是，海底捞不仅对员工本身照顾得无微不至，还为他们的家人排忧解难，解除了他们的后顾之忧。

海底捞洞察、尊重、顺应人性，把员工当人看，员工自然会把海底捞当家看,会自觉维护海底捞。再加上海底捞还手把手地教员工掌握服务技能,推行"多劳多得"的薪酬制,采取柔性的考核方式(把顾客满意度作为考核标准),员工更会爆发出极大的热情。而师徒制、计件薪酬制、柔性考核、"把员工当人看"的企业文化,正是海底捞人力资源体系的构成部分。所以,在创始人张勇看来,海底捞的核心竞争力是海底捞的人力资源体系。

同样勘破人力资源体系秘密的,还有有"中国筷子第一股"之称的双枪科技。前段时间,我组织40多位老板一起去双枪科技参观。这家企业就在我的公司附近。双枪科技是一家竹制餐具生产公司,董事长郑承烈带领他的团队将工艺筷子、牙签、刀片、砧板等品类做到了世界第一。2021年8月,双枪科技成功登陆了深交所。

筷子、牙签这些都是快消品,生产厂家众多,双枪科技又是如何拥有今天的成绩的呢?在和郑承烈交流的过程中,我们发现,支撑双枪科技取得耀眼成绩的是公司的人力资源体系。

以招聘新员工为例。双枪科技的每一名员工,都是郑承烈亲自到大学,通过校园招聘招进公司的。每名新员工入职前都要培训21天,培训时间从上午9点到晚上9点(中间除去就餐及短暂的休息时间)。在这21天中,有18天是董事长郑承烈亲自教学的。

入职培训完成之后,每名新员工入职第一年最低工资收入年薪8万元保底。每个星期一,可以迟到1个小时,上午10点到岗即可(正常到岗时间是9点)。每个星期五,可以下午4点下班(正常下班时间是下午5点半)。一年365天,三餐餐费全免……

7 中层要承担团队体系化建设的重任

双枪科技在人力资源方面的这些举措，让人听完冷汗直流。试问，有几家企业的董事长会亲自去大学招聘新员工，又有几家企业为新员工安排了周到细致的入职前培训，80%以上的培训还由董事长亲自上课？可见，优秀的企业自有优秀的理由，并非浪得虚名。

当然，或许会有人提出异议：同样是20世纪90年代创业的企业，有些企业没有像双枪科技这样做（双枪科技的前身双枪竹木创立于1995年），不也照样做得风生水起吗？客观地说，那里面有机遇和运气的因素。现在对企业经营的要求越来越高，单靠之前的野蛮成长方式，不针对目前的发展形势做出反应和调整，企业很可能会走进死胡同。

即便是成立8年就上市、成立9年就跻身世界500强的小米，也曾一度因为忽视人力资源体系建设而尝尽苦头。

2015年年会上，雷军问了与会的小米员工一个问题：Are you ok？现场大家都回答ok。雷军表示："说实话，我不ok。过去的一年我们实在过得太不容易了。我相信，公司所有同学都看到了各种各样的负面报道和批评，甚至诋毁。比如说，'小米手机不再发烧了''小米就是个××机''小米的产品节奏乱了'；还有'小米啥都做，就是个百货公司'，甚至有友商说'5年后，小米肯定消失'。面对这样的压力，我们内部也有很多的情绪和想法。我们到底出了什么问题？我思考了很长时间，最后得出了结论——我们内心有心魔。"

为了破除这个"心魔"，回到"为发烧而生"的初心，雷军决定继续执行"去KPI"的策略，并把2016年的目标定为"开心就好"。

开心就好，事情哪有那么简单呢？据钛媒体披露，"2016年小米5全系列最终销量920万台，相较于小米4系列的1400万台下滑了三分之一。随着旗舰的失利，小米全年出货量由2015年的6490万台降至4150万台，市占率更是直线跌至8.9%，由第一跌出了前五。"（不过，小米时任总裁在2015年年会上宣布小米当年手机销量超7000万台。）

这一整年也让雷军认识到问题所在，光有开心是不够的。他在2016年年会上讲出了"天上不会掉馅饼，撸起袖子加油干"的寄语。不仅如此，他还定下了一个目标——2017年，小米整体营收破千亿元。"整体营收破千亿元"就是KPI，这也意味着小米开启了管理再造之路。

结果，小米2017年的全年营收达到了1146.25亿元，成功实现了年初定下的目标。此后，小米的全年营收更是逐年攀升。这与小米"实施KPI绩效考核，以成果标准化来有效引导、规范员工行为，进一步精细化价值评价，打造高效价值创造闭环"（原卫平语）的政策密不可分。人力资源体系的重要作用由此可见一斑。

一家企业要发展，归根到底还是软实力的问题。软实力的范畴涵盖了人力资源体系、财务体系、物流体系、信息化管理体系，等等。实现人、财、物、事的数字化驱动，是打造高层次团队职业化的重要基础。在此之前，企业需要先培育好职业化团队成长的土壤，进行地基建设。

7　中层要承担团队体系化建设的重任

▪ ▪ ▪ ▪ ▪ 地基建设就是体系化建设

一家企业要发展，需要的是体系化的支撑。今天，你是营销部经理，就要承担起营销管理体系的建设；你是财务部经理，就要承担起财务部管理体系的建设；你是供应链部经理，就要承担起供应链体系的建设；你是人力资源经理，就要承担起人力资源体系的建设。

中层是否主动承担起他所在部门的体系化建设任务，是衡量中层职业化水平高低的重要标准。遗憾的是，在实际运营中，有的中层并没有做到主动承担体系化建设任务，这就给他所负责的部门带来了诸多不便，严重影响了本部门的业绩和发展。

企业的组织架构不只一个部门，相应地，企业的体系化建设也不只涉及一个部门的体系化建设。具体来说，它包括人力资源体系、财务体系、供应链体系、运营体系、管理体系、数字化体系等的建设。我们将其称为企业的一体化建设，也称为企业的地基建设（如图7-1）。

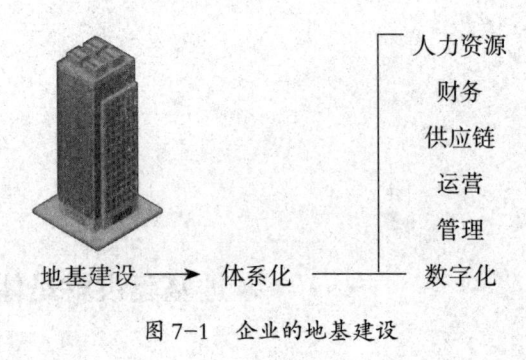

地基建设 ⟶ 体系化 ── 人力资源 / 财务 / 供应链 / 运营 / 管理 / 数字化

图7-1 企业的地基建设

就像你要盖一栋楼，只有把地基弄扎实了，盖起的高楼才不会有倒塌的风险。如果地基都不扎实，地基上面的楼房还能盖得很高吗？它还会安然无恙吗？再如，如果地基打的是两层楼的地基，上面的楼房最多只能盖两层；如果强行盖三层、四层，楼房倒塌的概率就很大。

我和团队的伙伴们经常去一些企业做互动和调研，结果发现，有的企业打的地基只能承托三层楼，但这家企业已经"盖"了四层楼，老板还想往上面"盖"第五层。企业发展陷入了困境，老板请我给他支支招。这家企业的问题很明显：体系化支撑不达标，地基建设跟不上。不把这个课补上，企业的处境只会越来越难。所以，我跟老板讲:"速度不要太快,我们先把地基弄扎实。"

古语说,欲速则不达。对于企业而言,要想实现可持续发展,打好地基,完善体系化建设是重要前提,切不可操之过急。

▪ ▪ ▪ ▪ 体系化建设需要中层进化成数字化管理师

数字化能力已经成为衡量管理者职业化的一个重要指标。当然，这个指标最好依托数字信息化平台来支撑，数字化管理师的时代已经到来。

数字化管理师是个新概念，它 2019 年 3 月才出现在人社部关于新职业的名单中。所谓数字化管理师，是指使用数字化智能移动办公平台，进行企业或组织的人员架构搭建、运营流程维护、工作流协同、大数据决策分析、上下游在线化连接，实现企业经营管理在线化、数字化的人员。

数字化管理师的工作任务主要包括五项：

一是制定数字化办公软件推进计划和实施方案，搭建企业及组织的人员架构，进行扁平透明可视化管理；

二是进行数字化办公模块的搭建和运转流程的维护，实现高效安全沟通；

三是制定企业及组织工作流协同机制，进行知识经验的沉淀和共享；

四是进行业务流程和业务行为的在线化，实现企业的大数据决策分析；

五是打通企业和组织的上下游信息通道，实现组织在线、沟通在线、协同在线、业务在线。降低成本，提升生产、销售效率。

据官方权威数据统计，截至2021年10月，在人社部中国就业培训技术指导中心和钉钉联合推出的新职业在线学习平台上，数字化管理师学习认证人数超过229万。人社部发布的《新职业——数字化管理师就业景气现状分析报告》显示，按照每10∶1的比例配备数字化管理师人才的企业，比没有数字化管理师的企业工作效率高出35%～50%。

既然数字化管理师对于企业发展的作用如此重要，很多人就很好奇：公司里的数字化管理师都是哪些人在做呢？结合我和我的团队之前的调研结果，我认为，做数字化管理师是每家公司中每一个中层未来的职业方向，公司里所有部门经理都应该去申请成为数字化管理师。请注意，需要向数字化管理师转型的，不只是人力资源部门经理，或是钉钉的系统管理员，而是所有部门经理。

遗憾的是，并非所有的中层都有这样长远的眼光。我在参加人力资源高峰论坛的时候，常会跟一些人力资源部门的中层进行交流。结果，我惊奇地发现，现在不少企业居然以 Excel 作为主要沟通工具，500 名与会人员中有 480 人所在的企业属于这种情况。还有 20 个中层居然连 Excel 都不会用。这让我大跌眼镜：数字化管理师的时代已经来临，竟然还有做人力资源工作的人不会用 Excel？

提升自身职业化水平，掌握一些先进的管理工具，与时俱进以适应时代和企业的发展，是每个中层都应该做的功课。每个中层都要结合自己的工作实际，用数字化武装自己，尽快完成数字化管理师的认证，尽快融入数字化的企业管理体系建设中来。

向海底捞学习体系化建设

海底捞用户三级服务体系

海底捞深谙三级服务体系带来的三个机会：当用户对我们的产品或服务有需要的时候，满足用户的机会就到了；当用户有个性化需要时，超出用户期望的机会就到了；当用户有困难需要帮助时，让用户感动的机会就到了。海底捞在进行用户三级服务体系建设时，充分对"满足—超出—感动"的精神进行了领会，并在具体服务过程中对服务动作进行了细致的分解。

第一级，海底捞满足用户期待的服务。

海底捞做了哪些事情来满足用户期待呢？他们将就餐分成了就餐前、点餐、就餐中、就餐后四个业务流程，并将每一个业务流程细细拆解成了具体的执行动作（如表7-1）。

表7-1 海底捞满足用户期待的服务

业务流程	服务内容
就餐前	服务员进行记录和引导
	泊车服务
	叫号服务
	提供等候空间和座椅
	提供菜单提前点餐
	保持良好的服务态度
点餐	迎客入座，提供菜单（默认顾客没有提前点餐）
	提供免费茶水、点心
	解答用户疑问
	提供、增减餐具
	标注客人忌口
	点餐确认
就餐中	及时上菜
	提供对应的餐具（公筷、汤勺）
	打沫子、盛汤
	提供免费纸巾
	上报菜名，并询问锅底味道
就餐后	提前打单，并对菜单做好提前找零
	免费打包
	及时恢复台面

表 7-1 这些细分后的服务动作是海底捞用于满足用户期待的服务。既然是满足用户期待的服务，就代表说这些服务是企业要做到的。企业做得好，用户的基本满意度就有了。这只是及格分，还没有达到令人惊艳的水平。

第二级，海底捞超出用户期待的服务。

超出用户期待的服务属于增值服务。海底捞在提供超出用户期待的服务方面，也将其细化到就餐前、点餐、就餐中三个业务流程中（如表 7-2）。

表 7-2　海底捞超出用户期待的服务

业务流程	服务内容
就餐前	专人泊车，周一到周五免费擦车
	引导客人进行棋牌活动
	提供擦鞋服务、美甲服务
	提供免费水果、饮料、宝宝蛋羹
	提供免费上网服务
	设置儿童专区，专人陪玩
点餐	送上围裙和热毛巾，提供免费口香糖
	送上手机护套，提供免费果盘
	送上发卡和皮筋，提供特色半份点餐
	送上眼镜布

（续表）

业务流程	服务内容
就餐中	微笑服务，近在身边
	熟悉二次用户的名字，甚至记得一些人的生日并唱生日歌
	定时为顾客递毛巾（4次）
	抻面表演
	定时为用户续饮料
	洗手间专人伺候，并提供美发护肤用品
	帮忙下菜、捞菜、剥虾
	餐厅设置"电话亭"，享受免费电话

海里捞的服务犹如影子，美甲、擦鞋等服务融入了餐饮服务之中，让服务处处都在。亲身体验过这些服务的不少消费者都很感动。无论是免费网吧，还是美甲、擦鞋、抻面表演，都是超出用户期待的服务。

第三级，海底捞让用户感动的服务。

让用户感动的服务，一般都是个性化的。当用户遇到困难、需要帮助的时候，你感动他的机会就到了。海底捞是怎么做的呢？我们可以从客人就餐后的留言窥见一二。

网友一："和闺密一起出来吃个饭，感冒的我一直咳嗽不停，闺密心疼地说你怎么这么严重。一会儿，服务员就端上了一锅姜汁可乐，太感动了！太好了，你们！谢谢！@海底捞火锅"

网友二:"服务员看到我手受伤了,就给送了碗筒骨汤,感动到哭。"

网友三:"在海底捞,开始前我爸爸妈妈祝姐姐一路顺风,大家一起干了一杯。结果,结束的时候,细心的服务员就送了水果和娃娃,还切歌到《离别》。好感动,很贴心!"

……

送姜汁可乐,送筒骨汤,送水果和娃娃……客人根本没有说自己感冒了,手受伤了,亲人要远行了,海底捞的服务员却提供了超值服务。

除了客人的留言,企业界大神华为的肯定更让海底捞的超值服务美名远扬。据说某次一位华为的副总裁带着几名员工,到海底捞去吃火锅。就餐完毕,客人要求开发票,没想到服务员回来的时候,在拿来发票的同时,还端来一盆水果放在桌子上。当时华为一行人都特别感动,因为服务员用8片西瓜拼了一个华为的logo。

用西瓜拼华为的logo难吗?需要什么技术含量吗?不难,也不需要什么技术含量。大家都知道,华为的logo就是8片花瓣。如此简单的操作,能做到的有几个人呢?海底捞提供超级服务的精神深深吸引了华为创始人任正非。他要求华为所有的高管都要去海底捞吃一顿饭,近距离学习。这是对海底捞提供让用户感动的服务最好的褒奖。

中层要搭建员工三级服务体系

三级服务体系不仅可以应用于服务用户，还可以应用于服务员工。对于中层而言，员工遇到困难、需要帮助的时候，你让员工感动的机会就到了。不要觉得这个员工太麻烦，那个员工怎么问题这么多。如果员工没问题，没困难，没挑战，你连感动他的机会都没有。

帮助员工解决问题同样是中层的日常工作之一。中层需要了解，满足员工的期待，自己需要做哪些事；超出员工的期待，自己需要做哪些事情；让员工感动，自己需要做哪些事。前文曾将搭建海底捞用户三级服务体系的具体动作列成表格，企业和中层在搭建员工三级服务体系时仍然可以沿用这一方法。表7-3即是常用的一些做法（表中有些做法是中层职权范围之外的，中层需要根据自己的职权范围和主管部门的实际情况有选择地实施）。

有了员工三级服务体系的表格，企业和中层就有了指引，就知道从哪里下手，为员工提供哪些服务了。

表7-3 员工三级服务体系

员工三级服务体系	满足员工期待	超出员工期待	让员工感动
服务内容	1. 以内部期刊为平台，表扬员工，展示员工风采 2. 提供业务技能提升培训 3. 提供岗位工作指引和作业流程指引编制 4. 进行工作合理设计 5. 加班控制 6. 提供职业路径设计 7. 发放节日礼盒 8. 发放加班交通补贴 9. 发放加班费 10. 进行"司令嘉奖" 11. 提供健康体检 12. 提供带薪假期 13. 定期聚餐 14. 组织羽毛球/台球/篮球比赛 15. 组织观影活动	1. 发放"迟到券" 2. 举行"总裁家宴" 3. 提供下午茶 4. 提供家庭关怀 5. 为员工写表扬信 6. 进行个别访谈 7. 为员工提供心理减压服务 8. 提供大病医疗 9. 提供会议餐 10. 为过生日的员工举办生日会 11. 组织户外运动 12. 组织短途旅游 13. 结对子(针对新员工的福利)	1. 发放季工资 2. 组织单身联谊会 3. 休失恋假 4. 休离婚假 5. 提供年度旅游 6. 设置"家庭日" 7. "婚、病、丧"三必访 8. 员工在自己的结婚纪念日可提前1小时下班 9. 女员工生理期带薪休假1天 10. 宴请离职员工

8

中层如何管理职业化团队

■■■■■ 常见的四种实用管理工具

4R 制度执行体系

众所周知，通用电气是全球企业界的标杆。那么，是什么成就了这个伟大的商业帝国呢？通用电气能够成为伟大商业帝国的关键，就在于该公司前 CEO 杰克·韦尔奇制定的 4R 制度执行体系。有了通用电气的巨大成功，此后 4R 制度执行体系也成为众多企业竞相采用的战略落实政策。

那么，什么是 4R 制度执行体系呢？4R 制度执行体系是一种简单实用的管理方法，以结果为起点，又以结果为归宿，核心是结果质询制度，为企业执行力制度化、规范化提供了可操作的方法，使企业家能够看到结果，得到结果，让企业家的执行力理念落实。

具体来说，4R制度执行体系包括以下四个环节：

R1（result）：结果定义清楚，就是要凡事必有结果。结果要定义清楚，心中有结果，执行有效果。

R2（responsibility）：锁定一对一责任，就是有结果必须落实到"我"。具体来说，一对一地承担责任，就是千斤重担众人挑，人人头上有指标。

R3（review）：时刻检查与改进，就是对"我"不相信就必须检查。不要盲目相信任何人，要以事实为依据。你越想相信谁，就越要去检查谁。

R4（reward）：立马奖罚不过夜，就是有检查就必有奖惩。相信"好报才有好人"，立马奖罚才有真正的执行力。

管理是没有捷径可以走的。要想做好项目的执行和落实，4R制度执行体系是不错的选择。

PDCA管理体系

PDCA管理体系，即PDCA循环、PDCA原则，它是由美国质量管理专家沃特·阿曼德·休哈特提出，由威廉·爱德华兹·戴明推广、发扬光大的，又称为戴明环。丰田等日企就是凭借PDCA管理体系取得了极大的成就的。因为 PDCA 管理体系对众多日企产生了极为重大的影响，所以日本用戴明的名字来命名日本质量管理的最高奖。

具体来说，P 即 plan，指的是计划；D 即 do，指的是执行；C 即 check，指的是检查；A 即 action，指的是改善（如图 8-1）。计划—执行—检查—改善，形成了一个闭环，这个闭环是用来解决实际问题的；如果有问题在这个闭环没有得到解决，就会进入下一个 PDCA。PDCA 管理体系的特点就是周而复始，大环套小环，并呈现阶梯式上升（如图 8-2）。

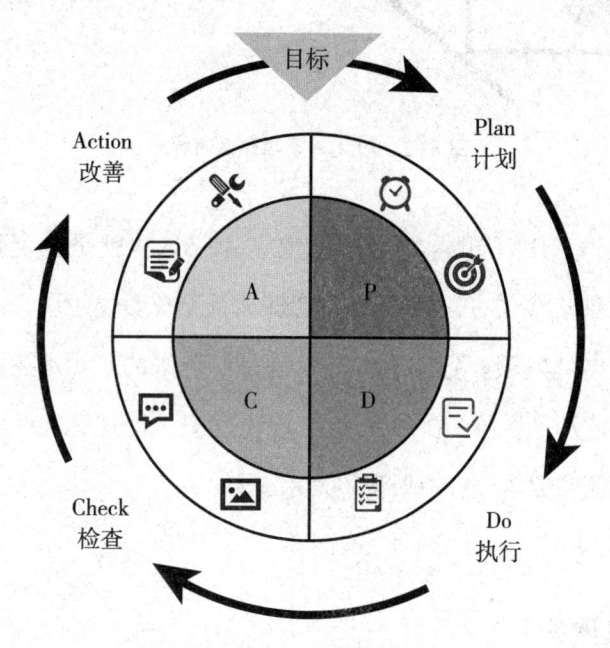

图 8-1　PDCA 管理体系的构成

PDCA管理体系

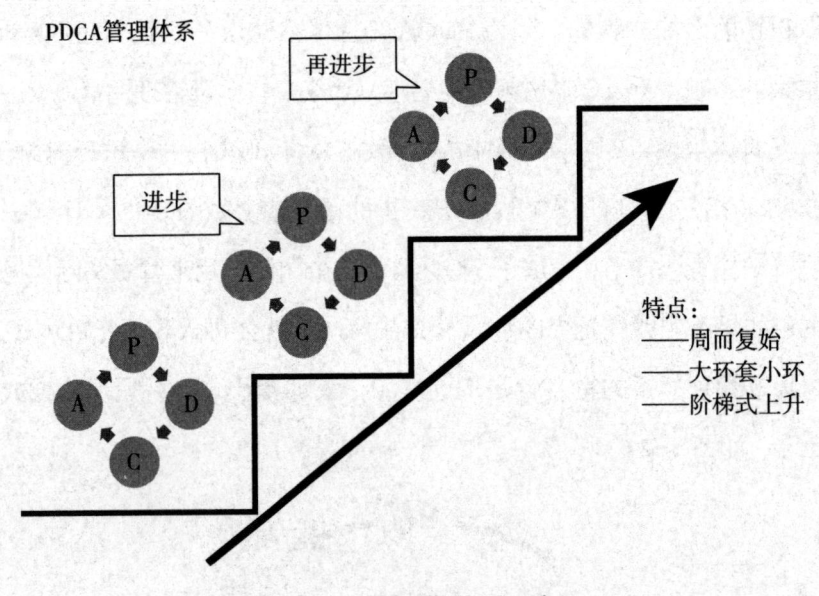

图 8-2　PDCA管理体系的特点

观察一下我们周围，不少企业在 C 和 A，也就是检查和改善方面做得不那么到位，以致企业的管理体系没有形成闭环，进而影响企业的可持续发展。张瑞敏说，管理是盯出来的，就是在提醒广大管理者（特别是中层）在 C 和 A 方面下功夫，彻底解决业务中遇到的实际问题，促进企业有质量的发展。

复盘体系

众所周知，联想近些年来表现抢眼：继 2004 年收购电脑巨头 IBM 之后，主打时尚新锐主题的联想小新成为年轻人的新宠，联想提供的相关智能解决方案已经在智能城市建设、汽车制造、石油石化、能源电力、电子制造等行业深入应用……联想之所以如此成功，就在于联想管理体系的核心——复盘体系（即复盘四步法）。

复盘体系具体分为四个部分（如图8-3）：

第一，回顾目标，即回想当初的目的或期望的结果是什么。

第二，评估结果，即对照原来设定的目标，看完成情况如何。

第三，分析原因，即仔细分析事情成功或失败的关键原因。

第四，总结经验，包括得失的体会，是否有规律性的东西值得思考和下一步的行动计划。

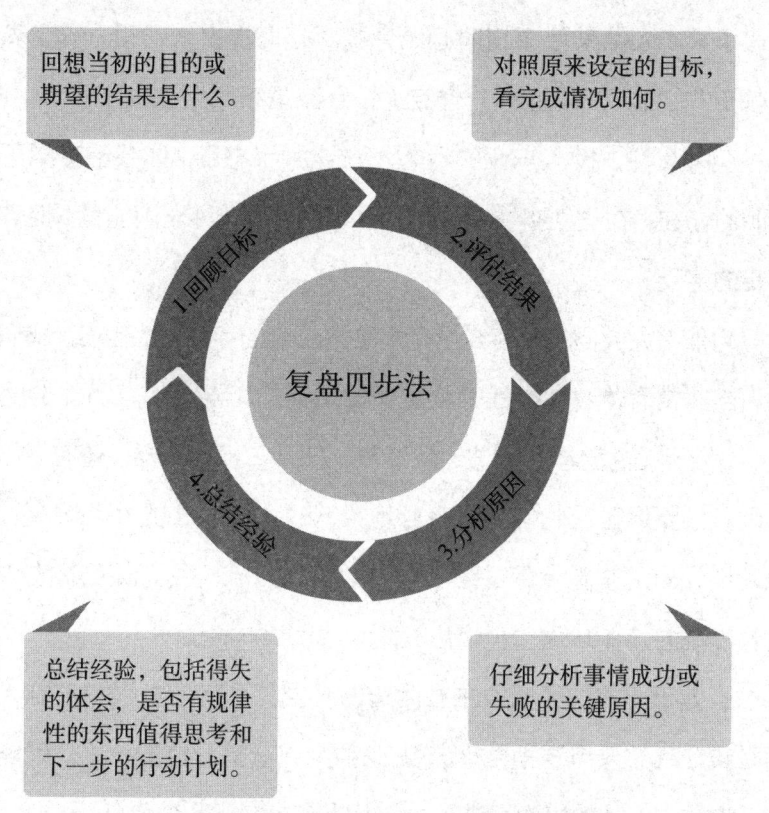

图8-3 复盘体系的构成

现在国内很多企业，特别是互联网企业，都在借鉴复盘体系开会做总结，推动企业的管理发展。需要注意的是，复盘不仅可以用于整个企业的发展管理，还可以用于团队和员工个人的成长。复盘也是中层管理团队的好帮手。

心流

"心流"是现在流行的一个心理学概念，代表了一种做事的状态，代表了某个人做某件事情时心无旁骛。心理学家米哈里·契克森米哈赖为"心流"下了这样一个定义：心流是指我们在做某些事情时，那种全神贯注、投入忘我的状态——这种状态下，你甚至感觉不到时间的存在，在这件事情完成之后，我们会有一种充满能量并且非常满足的感受。

可能有人会问：我怎么没有体验到心流的存在呢？其实，我们在做自己非常喜欢、有挑战并且擅长的事情的时候，就容易体验到心流了。像爬山、游泳、打球、玩游戏、阅读、演奏乐器，还有工作的时候，只要你喜欢它们并全身心地投入，体验到心流并非难事。调查发现，54%的人会在工作状态中感受到心流，而在游戏状态中感受到心流的只有18%。

当处于心流的区域的左右两边的时候，也就是觉醒和控制状态的时候，我们只需要稍微调整挑战难度或者提升技能水平，就能进入心流状态。具体来说，进入心流状态包括以下几个要点：

第一，我们面临着一份可完成的工作。

第二，我们必须能够全神贯注于这件事情。米哈里·契克森米哈赖说，体验过心流的人都知道，那份深沉的快乐是严格的自律、集中注意力换来的。

第三，这项任务有明确的目标。要紧的不是目标是什么，只要目标能将你的注意力集中于此就行。你要想激发你的心流，就必须要有一个目标；你的目标越显著，你的心流产生的概率就越高。

第四，这项任务有即时的反馈。如果没有即时反馈，你就容易生出茫然和犹豫感。

第五，我们能深入而毫不牵强地投入行动之中，日常生活的忧虑和沮丧都因此一扫而空。

第六，充满乐趣的体验使人觉得能自由控制自己的行动。

第七，进入"忘我"状态。

第八，时间感会改变——几小时犹如几分钟，几分钟也可能变得像几小时那么漫长。

目前，心流理论已经广泛应用到企业管理、消费者行为、网络生活等多个领域。在实际工作中，员工增加对任务的内心兴趣，或者主动接受、执行有挑战性的任务，都易于进入心流状态，而这种状态对员工个人成长和所在团队都大有裨益。

在个人成长方面，心流状态不仅可以增加员工的个体成就感和积极性，还可以有效地提升员工的个人业务技能；在团队成长方面，由于心流体验和团队绩效呈正相关，进入心流状态的员工越多，团队的工作氛围就越好，团队绩效就完成得越出色。这也提示了管理者（特别是中层），要不断完善管理措施，增加团队成员的心流体验，从而有效地提升团队绩效。

与此同时，中层也要通过正确地使用心流来提升自己的业务水平，促进个人的成长，以便自己成为更加出色的业务/专业带头人和辅导者。

不管是 4R 制度管理体系，还是 PDCA 管理体系、复盘体系、心流等，都是很实用的管理工具。中层在管理职业化团队时，可以根据团队的具体特点选择适合自己团队的工具。当然，也可以选择和我们公司一样，运用数字化管理模式。

管理工具应用的难点与解决方案

管理工具应用的难点：持之以恒

其实，很多管理工具应用起来并不难。要说难，可能就难在应用者不能持之以恒，不能使其精髓在团队内入木三分。每一个中层都一定要坚定不移地思考以下问题：你所在的那个部门，你所经营和管理的那个摊子，有什么东西能够拿得出手，有什么东西可以让你引以为傲？如果一个都没有，你就要好好想一想其中的原因。

解决难点的思想基础：聂圣哲的管理哲学

那么，如何做才能解决管理工具应用中的难点呢？我们可以从聂圣哲的管理哲学中找到端倪。

苏州有一家优秀企业叫德胜洋楼，我曾经带着团队去那里参观。参观以后，大家都感叹不已，然后明白为什么他们的总监聂圣哲一跟别人分享，就感到引以为傲了。

聂圣哲是国内工匠精神的首倡者，创立了著名的德胜管理体系。他说："中国人首先要培养的是'机械精神'，必须把日常工作做到精细，再精细，纯熟，再纯熟。在此基础之上，我们再谈创新和开拓。"

什么是机械精神呢？从本质上来说，它就是一种工匠精神，必须刻意练习，持续改善才能得以实现。它与精益管理有异曲同工之妙，核心都是每天进步一点点。有了这样的认知，解决管理工具应用的难点就有了思想基础。

解决难点的方案：管理执行标准化

既然有聂圣哲的管理哲学作为思想基础，那么中层如何做才能在该哲学的指导下制定出解决管理工具应用难点的具体方案呢？答案就是要在细节方面下功夫，将管理执行做到标准化。优秀的公司都有一大堆标准化管理制度，像肯德基、麦当劳等都是如此。这些制度为中层提供了执行的标准。下面我就以麦当劳为例进行具体阐述。

麦当劳的管理标准体系包括选址标准、店面装修标准（全球统一）、卫生标准、工作程序标准、质量标准（全球统一）、服务标准等。其中，卫生标准、工作程序标准被拆解为若干个具体的操作动作（如表8-1），质量标准、服务标准、食物加工时间更是全部实现了数字化（如表8-2）。

什么叫标准化？这就是标准化。无论是职业化团队管理，还是涉及整个企业的发展，哪怕使用的管理工具再先进，少了标准化的参与，都容易陷入管理、执行难以持之以恒的泥潭。因此，企业发展到一定阶段以后，管理者（特别是中层）一定要有一份精细化管理的心，一定要有一份规范化管理的心，这是非常必要的。

表 8-1　麦当劳的卫生标准、工作程序标准

标准	卫生标准	工作程序标准
具体操作动作	1. 餐厅内外必须干净整齐，桌椅、橱窗和设备做到一尘不染 2. 每天下班后，所有的餐具、机器必须彻底拆开清洗、消毒 3. 餐厅内不许出售香烟和报纸，每隔一天必须擦一遍全店所有的不锈钢器具 4. 玻璃每天擦，垃圾桶每天刷洗，停车场每天冲水 5. 每星期，天花板必须打扫一次 6. 手接触头发、制服等东西后，必须重新进行洗手消毒	1. 与顾客打招呼——"欢迎光临。" 2. 询问或建议点餐 顾客准备点餐——"请问您需要些什么？" 顾客全部点购完毕——重复一下顾客所点的东西，告知"您所点的东西总共多少元" 3. 准备顾客所点的食品 标准化的食品准备顺序：奶昔—冷饮—热饮—汉堡—派—薯条—圣代 A. 注意标志朝向顾客 B. 注意标志朝向顾客 4. 收款——"谢谢您，总共 45 元。收您 50 元，找您 5 元。" 5. 将顾客点的食物交顾客手中——用双手托将托盘轻轻抬起送到顾客面前，"请小心拿好。" 6. 感谢顾客光临——"谢谢光临。"

150

表 8-2 麦当劳标准数字化

标准	质量标准	服务标准	食物加工时间
数字化表现	1. 牛肉原料必须挑选精瘦肉，牛肉由83%的肩肉和17%的上等五花肉精制而成，脂肪含量不得超过19% 2. 肉饼直径为98.5毫米，厚为5.65毫米，重为47.32克 3. 面包厚度为17毫米，面包中的气泡为0.5毫米 4. 可口可乐温度均为4摄氏度	1. 保证顾客的排队时间不超过2分钟 2. 服务人员上餐60秒内完成 3. 对一个顾客说的问候语总耗时保持在32秒	每个汉堡包的制作时间是1分45秒

▪▪▪▪ 促进整个团队实现个人成长

职场人士成长的三种境界

要让管理工具有效地发挥作用,实现持续改善,少不了每一位中层和每一名员工的努力。中层要管理好职业化团队,就要促进整个团队实现个人成长。

俗话说,一年入行,三年出山,十年一剑,百年树人。有的人到一家公司待了三个月就离开了,连入行都没入行,如果这个行业或这家公司确实不适合他,那样还好;如果根本无法判断,这样匆匆离开岂不是太可惜了?无法积累的职场经历带来的,除了浮躁,没有任何其他的作用,甚至会严重伤害你的自信心。这就是职场人士成长过程中充满争议的第一种境界。

职场人士成长的第二和第三种境界，原型来自外资企业。外资企业中总会有两种人：一种是职业人，即一份工作做了10年的人；另一种是匠人，就是一份工作做了30年的人。职业人和匠人分别是职场人士成长的第二种和第三种境界。

十年成"职"，三十年成"匠"。要想成"职"、成"匠"，就需要在专业方面进行足够长时间的积累。比如，小野二郎做寿司，一直坚持做了70多年，被称为日本的"寿司之神"。再如，我听过的一个演讲，演讲者当年已经98岁，他从9岁就开始在日本帝国饭店做门童，98岁的时候还在坚持做门童的工作，还坚持履行门童的职责。有客人看他年纪大，表示可以自己拿行李，但他坚持亲自为客人拿，因为这是他的工作。

小野二郎和这位高龄门童都是名副其实的匠人。他们已经在职场人士个人成长方面做到了极致。成为匠人不易，但我们可以从成为职业人做起。

职场人士成长的关键：突破人生拐点

看到图8-4，大家也许并不陌生。它曾经在很多场合被用到。图中建了一个坐标系，象限内有两条线，一条是直线，一条是曲线，二者有一个相交的点。这个相交的点就是拐点。

人这一生当中一个很重要的内容，就是有没有拐点。拐点，要成为我们人生第一个要设定的目标。

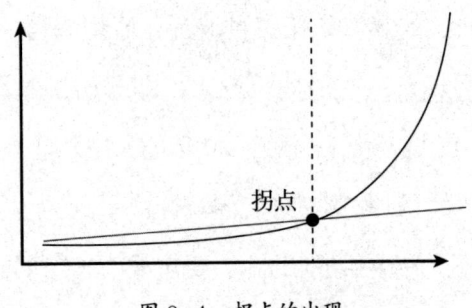

图 8-4　拐点的出现

简单来说，我们需要问自己一个问题：我这一生有没有突破过拐点？客观地说，很多人没有。没有突破过拐点的人生就很糟糕，不是成功的人生、精英的人生。选择这样过一生的人一直在低水平地重复、徘徊、游荡。所有的精英背后都有一个最基本的命题，那就是一定在自己擅长的某件事上突破过拐点。

有人说，我在打游戏这件事上突破拐点了。这种情况确实存在。无论是在钢琴、美术、舞蹈、跆拳道、武术、语文、数学、奥林匹克竞赛方面，还是跑步、跳远、跳高，都可能会出现突破拐点的情况。只不过，做某件事的人越多，你要想有成就，需要的时间就越长。比如，煮米饭这件事，做的人很多，被誉为"煮饭仙人"的村嶋孟将半生精力都放在研究"如何做出一碗美味的米饭"上，花了56年终成匠人之道。吃过他煮的米饭的人，都会难忘那碗米饭。

如果这件事情全世界就你跟他两个人在做，突破拐点用的时间就会比较短，因为就是第一名和第二名之争。越多人在干的事情，突破拐点需要的时间就越长。但是不管怎么样，我们都需要铭记一点：这一生一定要在某件事情上面突破拐点，不要永远在那里做低层次的重复，那样是没有价值的。

突破拐点不仅会影响人们的日常生活，还会影响人们的工作。大家可以仔细观察一下身边的人。有些人在入职的第一家公司浑浑噩噩，于是很快跳槽到另一家公司。没过多久，感觉不对又离开了。到了第三家公司，情况仍然没有好转，正准备跳槽到第四家……这些人一直在低位徘徊，一直在重复低层次的动作，完全没有进行积累，也没有珍惜提升个人业务能力的机会。他们的心中根本没有拐点的概念。

所有理解职业化的人都知道，职业化的关键点之一就是要有足够长的时间来沉淀。"一年入行，三年出山，十年一剑，百年树人"就是这个道理。职场人士要实现个人成长，关键就在于一定要过拐点。

以我本人为例。我已经工作20多年了，只做了两份工作。第一份工作做了10年，第二份工作一直持续到现在。我给自己的提醒很简单：我做任何一份工作，一旦我选择，10年是我的基本功，这就是我的定位，所以我这一生最多可能只有三份工作。人的一生不需要干那么多工作的，两到三份足矣！让你涅槃成"匠"的关键，就是过拐点。

管理学中有一个著名的荷花效应。其实，荷花效应为我们展示的就是过拐点前后的神奇效果。

它的原理这样的：一个荷花池，第一天荷花开得很少；第二天的开放数量是第一天的2倍；之后的每一天，荷花都会以前一天2倍的数量开放；到了第30天，荷花开满了整个池塘。那么，池塘中的荷花开了一半的时候，用了多少天呢？

其实，这也是教材里的一道数学题。虽然开始的时候会有人先入为主，错答为15天，但经过认真的计算之后，大家很快就会得出正确答案——29天。有对此非常感兴趣的朋友把荷花开放1/64、1/32、1/16、1/8、1/4的时间也都进行了计算，汇总成表8-3。

表8-3 荷花开放数量与需要的时间

花开数量	1/64	1/32	1/16	1/8	1/4	1/2	全部
需要的时间	24天	25天	26天	27天	28天	29天	30天

由表8-3，我们不难发现：第28天的时候，池塘里的荷花开了1/4；第26天的时候，荷花开了1/16；第24天的时候，荷花开满整个池塘的1/64。前面整整24天，荷花仅仅开了整个池塘的1/64而已，后面的6天却开了整个池塘的63/64。以第24天为分界点，后面单位时间的开放数量是前面单位时间的252倍。也就是说，如果第24天是拐点出现的时间，拐点出现以后单位时间的回报，是拐点出现以前单位时间回报的252倍。

请大家想一下，如果没有突破过拐点，又何以去领略那252倍的人生呢？同样的道理，身为一名职场人士，如果没有突破自身的拐点，没有一个脱胎换骨的改变，又怎么可能实现职场进阶呢？

■■■■■把员工分类，区别对待

杰克·韦尔奇从不讳言，自己是区别考评制度的支持者。在他看来，对人来说，差别就是一切；对不同的人，一定要区别对待。他在晚年受邀给中国企业家做分享的时候也时时提到这一点。

把员工分类，区别对待，毋庸置疑，在团队建设或团队竞争力战斗力建设当中不失为一个非常好的举措。通用电气公司之所以蒸蒸日上，除了有前面提到的4R制度执行体系的功劳，还离不开杰克·韦尔奇担任CEO时提出并施行的271法则。

271法则是指，经理人要根据业绩把自己的员工分为三个类别：最好的20%、中间的70%以及最差的10%。其中，20%的员工超出了经理人的期望，属于明星员工；70%的员工符合经理人的期望，他们是整个员工队伍中的多数群体，是经理人需要面对的主要挑战；而考评成绩最差的10%的员工明显低于经理人的期望，他们不得不离开。

271法则可以有效地帮助员工认清自己在组织中所处的位置，发现自己擅长的方面，还可以帮助管理者发现团队成员业务方面的优缺点，更好地进行人员调配。正因为271法则的种种优势，它在通用电气大获成功后，便被迅速引进国内。阿里巴巴和华为都是271法则的忠实拥护者。

除了271法则，阿里巴巴还有一种人才管理法则——361法则。361法则在本质上跟271法则类似，即30%的人超出了经理人的期望，会得到更高的薪酬、奖金或升职；60%的人符合经理人的期望，会得到普通的加薪和奖金；最后10%的人低于经理人的期望，没有奖金，有的还会被换岗、降级或者建议离开公司。

中层在管理团队的过程中，可以使用271法则（或361法则）或者借鉴它们的精髓，摸清团队成员的基本情况，了解他们的优缺点，从而更好地进行人员调整，有效地提高整个部门的工作效率；还可以通过帮助明星员工得到包括奖金、表扬、重用、培训机会以及其他各种各样的物质和精神财富奖励，为大部分处于中间状态的员工提供培训教育、积极的反馈和有周全考虑的目标设定，帮助考评成绩最差的员工发现其擅长的业务方向或调岗等方式，来提升团队士气，营造积极向上的工作氛围，进而有效地促进整个部门业绩的提升。

9

中层要具备哪些企业职业化管理常识

▪ ▪ ▪ ▪ 中层要对员工进行评估

凡是影响员工积极性的决定，都是错的。这一观点曾经一度受人追捧，大行其道。其实，这个观点是不对的。让我们暂时抛去各种理论和术语，就按朴素的逻辑来思考。对于一名员工来讲，他的积极性肯定会体现在多个方面吧？万一他就喜欢发牢骚呢？试问哪个中层会纵容天天发牢骚的员工？这样的职场消极影响制造者难道不该被批评吗？在这样的场景下，中层批评了该员工，还算影响员工积极性，那还真是滑天下之大稽。

不过，我们只要在这个观点的表述中加上一个字，意思就完全变了。现在我们就把这个字加上，一个新观点就出炉了——凡是影响好员工积极性的决定，都是错的。这个观点对不对呢？完全正确。在这里，我们同样用朴素的逻辑来分析。作为中层，你会喜欢什么样的下属呢？我问过很多中层学员，把他们的答案总结一下，大体包括：说话有依据，能真正解决问题，做好领导者交代的事情……这样靠谱的员工应该属于好员工的范畴吧？如果中层去伤害这类员工的积极性，他怕是连起码的管理常识都不具备了。

为什么我一直坚持区别对待员工，还强调员工有好差之分呢？我并没有歧视哪个人，相反我非常尊重每个人。我之所以持有这样的观点，是因为人本身就是有层次的。每名员工都有自己擅长的部分，他不可能适合企业中的每一个岗位。而管理者的主要职责之一就是帮助员工找到适合他的岗位。在管理者行使这一职能的过程中，好员工会为管理者的工作提供一个指引方向。很多时候，有了好员工的帮助，管理者的工作和决定都会变得更加简单。

为什么好员工的作用会这么大呢？这就涉及企业资产的评估问题。企业里有两种人：一种人是资产，一种人是负债。具体来说，一名员工创造的价值大于企业给他的物质回报，他就是企业的资产；一名员工创造的价值低于企业给他的物质回报，他就是企业的负债。

现在有些员工在企业里待了两三年，给企业创造的价值还远远低于企业给他们的物质回报，站在企业的角度来看，他们不仅没有给企业带来盈利，还成了企业必须负担的包袱。这样的员工多了，企业怎么能健康生存下去？如果企业中的大部分员工都是这个状态，那么企业该如何运营呢？如何实现可持续发展呢？毫无疑问，这样的企业必然面临生死考验。

对于企业来说，员工是很重要的资产。他们是整个企业的底层支撑所在。管理者需要对自己管理的员工进行评估，明确哪些员工属于资产，哪些员工属于负债。作为管理者的一员，中层也必须做好这项工作。对整个团队的成员做出评估之后，中层不仅可以摸清团队成员在业务能力方面的优劣势，还可以明晰整个团队的运营情况，进而做出更有利于职业化管理的决定，将整个团队的人员配置调整至最佳状态。

▪▪▪▪▪ 中层要掌握职业化20宫格

图 9-1 的职业化 20 宫格是我原创的管理工具，它不仅是职业化反思衡量的工具，也是职业化成长的工具。中层掌握了这一工具，不仅可以清晰自己的职业成长路径，调整、优化、更新自己的职业规划，还可以对下属的职业能力做出评估，并视实际情况为其提供职业能力提升或调岗方面的帮助。职业化 20 宫格真的有这么神奇吗? 下面让我们一起来看一下。

9 中层要具备哪些企业职业化管理常识

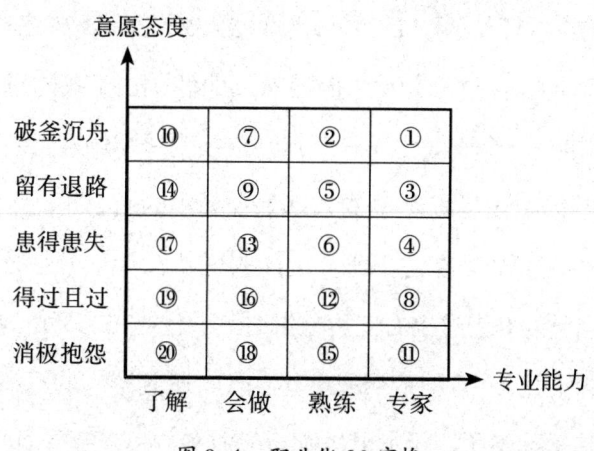

意愿态度	了解	会做	熟练	专家
破釜沉舟	⑩	⑦	②	①
留有退路	⑭	⑨	⑤	③
患得患失	⑰	⑬	⑥	④
得过且过	⑲	⑯	⑫	⑧
消极抱怨	⑳	⑱	⑮	⑪

图 9-1 职业化 20 宫格

职业化 20 宫格有两个维度：一个是专业能力，一个是意愿态度。我构建了一个坐标轴，把专业能力放在了横轴。专业能力分为四档：一档是了解，二档是会做，三档是熟练，四档是专家。我把意愿态度放在了纵轴。意愿态度分为五档，最差的一档是消极抱怨，往上一档是得过且过，再往上是患得患失，再往上是留有退路，最佳的是破釜沉舟。纵向五档，横向四挡，一共 20 宫格。

在职业化 20 宫格中，最牛的是第 1 宫格。处在这个位置的人，专业能力是专家级别，意愿态度是破釜沉舟级别。最差的是第 20 宫格。处在这个位置的人，专业能力只是了解级别，意愿态度还超级差，喜欢消极抱怨。

看到这个工具后，很多人马上进行了反思。他们认为自己在专业能力方面能达到熟练级别，只是最近有点儿得过且过。这样的情况属于第 12 宫格。不过，他们对自己所处的位置并不满意。在他们看

165

来，第1宫格才是自己努力的目标，同时要尽量避免第20宫格的窘境。

他们为什么会这么想呢？很显然，他们明白了我的意图——职业化20宫格是一个职业化反思工具，它指明了职场人士的职业发展路径。大多数职业化程度高的人都处在图中的右上角，可现实中的大多数职场人士却处在左下角。这样的现状让他们不甘心，他们更希望通过自己的努力过上右上角的生活。一旦处在左下角的人开始行动，我做职业化20宫格的目的就达到了。遇到这样的下属，中层就可以根据其实际情况，为其提供相应的业务、心态等方面的帮助。

需要注意的是，并非所有处于右上角的人都是职业化程度高的人。因为除了专业能力、意愿态度之外，职业化还有一个衡量维度，就是职业道德。如果一个人能力在专家级别，意愿态度在破釜沉舟级别，但他贪污，损公肥私，这就属于职业道德极其败坏，就代表这个人根本不具备职业化的特质。这并非盲目地扣帽子，打棍子，实在是因为职业道德是职业化的基础。我们必须在职业道德的基础之上，再去谈专业能力和意愿态度。

前文提过，我国的职业经理人成熟度并不高，原因是什么？权威机构调查发现，基本的职业道德不过关就是某些人暴露出的一个很大的问题。没有职业道德把关，专业能力越强，主动投入工作的意愿越高，给职场、给企业造成的破坏很可能就越大。

职业道德是职业化20宫格发挥作用的重要前提。中层在使用职业化20宫格之前，一定要先对员工的职业道德进行了解。只有职业道德合格的员工，才能接受职业化20宫格的评估，才能接受中层在业务、心态等方面的各种帮助。同时，使用职业化 20 宫格的中层本身也不能职业道德低下。唯有如此，职业化 20 宫格才能最大限度地发挥出应有的作用，为企业员工的职业反思和职业成长做出应有的贡献。

■■■■■**中层要做对决定**

做对决定很难

职业化有三个重要特质：一是做对决定，二是结果导向，三是团队合作。所有职业化的人都会表现出这样的特质，缺乏职业化的人则根本表现不出来。这样说起来可能比较抽象，下面我们借助职业化20宫格来帮助理解。

比如，有A、B、C三个人，他们分别处在职业化20宫格中的第12宫格、第15宫格、第18宫格。由此，我们可以得知，A在专业能力方面已经到了熟练级别，但喜欢得过且过；B同样专业能力很熟练，但喜欢消极抱怨；C 在专业能力方面仅仅是会做级别，还喜欢消极抱怨。

了解三个人的职业化情况之后，我们在他们身上来一一印证职业化的三个特质。先来看做对决定。三个人中有两个人喜欢消极抱怨，一个人喜欢得过且过，这说明在他们心目中，虽然自己很重要，但让他们下决心、做决定真是"难于上青天"。如果能做决定，并且能做对决定的话，他们何必要消极抱怨、得过且过呢？

再来看结果导向。很显然，对于 A 和 B 来说，呈现这个特质并不难，毕竟他们都是熟练级别的选手。C 就有些惨了，他只是会做级别的，要想呈现结果导向的特质，确实有一定的难度。

最后来看团队合作。这三个人身上能呈现团队合作的特质吗？客观上说，有人有一定的可能，比如 A 和 B。C 就比较难了，毕竟他基础还比较弱，参与团队合作，多半还是被照顾的对象。而 A 和 B 要实现团队合作，也需要一定的前提条件，那就是中层必须始终保持积极的心态和结果导向，不去计较二者表现出来的得过且过和消极抱怨的状态。

综上，我们不难看出，即便是对于业务能力达到熟练级别的人来说，做对决定也是很难的事情。如果觉得这样的解说比较抽象，我们可以一起通过下面这个案例来看一看做对决定的难度。

一个人驾驶着一辆有轨电车正沿着轨道正常行驶，电车行驶的前方有五个工人正在进行工程作业，但是电车突然失控了。如果电车继续前行，势必会将车辆前方正在进行工程作业的五个工人撞死。身为驾驶员的你必须迅速做出决断。怎么办才好呢？切到旁边的轨道是个快速解决的办法。不巧的是，那条轨道上有一个正在执行维修作业的工人。情况万分紧急，你会做出怎样的选择呢？是让电车继续沿既定轨道行驶，撞死五个正在进行工程作业的工人，还是将轨道切换到旁边，撞死那个正在执行维修作业的工人？

这简直太难了！无论是五个人，还是一个人，都是宝贵的生命。无论怎么选，都会有人付出生命的代价。这个案例其实是迈克尔·桑德尔教授在哈佛大学公开课"公正"中提到的一个问题。当然，作为学术讨论，我们可以有充足的时间来讨论当事人的困境。但如果这一幕发生在现实中，只有一瞬间，哪里会有充足的时间留给人思考？可能就在犹豫、纠结的瞬间，事情就发生了变化，身为当事人的你肯定也做出了选择。

人们常说要"听从内心的声音"，但实际上，即使你选择把电车切换到另一条轨道，保全了五个人，也可能会遇到其他的情况，万一迎面又驶来一辆满载旅客的电车呢？那样，你伤害的就不是自以为的一个人，而是该电车里的所有旅客。做对决定的难度可见一斑。这也是中层在做出某些决定之前反复权衡的重要原因之一。

做对决定的理论基础

如何做才能破解做对决定这个难题呢？在行动之前，我们需要掌握一些理论知识。

要做对决定，我们首先要掌握一些关于结构主义的学问。

结构主义是发端于 19 世纪的一个流派，是作为存在主义的掘墓人出现的。它秉承了西方哲学的语言学转向，以索绪尔的结构主义语言学理论为基础，经过路德维希·维特根斯坦、让·皮亚杰、克洛德·列维－斯特劳斯、米歇尔·福柯等人的努力，有了很好的提升，并在 20 世纪五六十年代开始成为影响当今世界的重要思潮。

尽管结构主义代表人物众多，涉及领域多样，但对该思潮有独到研究的瑞克斯·吉布森在考察过后，认为注重结构、强调对结构的分析是所有结构主义者共同具有的基本原则。皮亚杰的著作《结构主义》，是解释结构主义比较浅显、易懂的一本书。

在书中，皮亚杰对深受结构主义者重视的结构下了一个完整的定义。他对结构的定义是：结构就是由具有整体性的若干转换规律组成的一个具有自身调整性质的图式体系（由于结构的概念解释起来有些抽象，它在各个研究领域中常会被称作一个整体、一个系统、一个集合）。由此，我们可以得知，结构有三大特点：整体性、具有转换规律或法则（规律性）和自身调整性。

为了更好地理解结构，我们一起来看一个例子。实际上，人就是一个结构的最好例证。一个人有五官、四肢，把这些器官单拿出来，不能称之为人，它们也不具备人的全部特征。它们不能离开人这个整体而单独存在。这就是人的整体性。人自身是具有新陈代谢、DNA等多种规律的。这就是人的规律性。在这些规律的基础上，人体内部会通过新陈代谢等来调整更新，维持着一个人的整体特征。这就是人的自身调整性。

把要处理的事务看成一个结构（整体），关注其整体性、规律性、自身调整性，是我们做对决定的重要基础。需要注意的是，一个整体并不是各个组成部分的拼凑，整体性也不是每个部分特性的组合。无论是整体，还是整体性，其存在之所以存在意义，就是因为它们会取得 1+1 ＞ 2 的效果。

其次，我们需要掌握一些认知方面的理论，了解认知升维与降维打击的作用。

任何一个理论体系都无法解决所有的问题。借用库尔特·哥德尔的理论[①]，低层次的认知解决不了的问题，需要有高层次的认知。但是，高层次的认知依然有其缺陷。因为人类对世界的认知是无限的，所以这就在认知方面形成了一个不断向上的结构。如果我们处在一个低层次的认知状态，是无法解决这个状态上的所有问题的。这个时候，我们就需要升级到一个更高的层次，然后就会发现第一层次的问题变得非常容易，这叫升维我们的认知。

为了更好地帮助大家理解这一内容，我画了一张图（如图 9-2）。在图 9-2 中，甲是需要解决问题的人，从 A 到 E 代表甲的认知层次逐渐升级，从 E 到 A 则代表甲可以站在高层次的认知层面对低层级实施降维打击。

[①] 在哥德尔的不完备定理中，自洽性和完备性是不可兼得的。也就是说，无论一个公理体系多么庞大，总有一个命题无法被证明或证伪。而这意味着人类认识世界的过程是无限的。

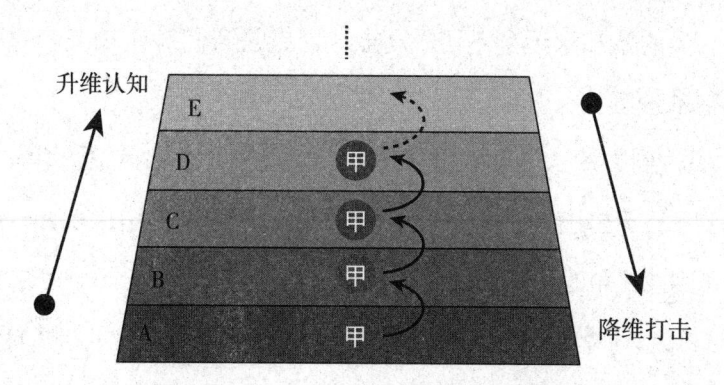

9 中层要具备哪些企业职业化管理常识

图 9-2 认知层次对解决问题的影响

很显然，甲从 A 到 E 的认知升级非常符合我们的思维逻辑。甲的认知在 A 层次的时候，A 层次有些问题他解决不了。甲要想解决 A 层次的所有问题，就要将认知升级到 B 层次。甲到了 B 层次之后，突然发现自己能解决 A 层次的所有问题了，感到非常兴奋。但是，甲同时发现，又有一些他解决不了的问题出现了。甲要想解决 B 层次的这些问题，开始向上升级到 C 层次……为了不断解决问题，甲就需要不断升维自己的认知。相应地，每一个新的认知层次都会有新的、无法解决的问题，尽管这些问题会越来越少。于是，甲的认知升级就呈现出一个梯形的结构。

那么，这个梯形结构会不会有一天变成金字塔结构呢？基本上没有这种可能。因为整个世界并非一成不变，人类对整个世界的认知也是在不断发展变化的。相应地，无论人类的认知到了哪个层次，都会有新问题出现。而人们为了解决新问题，一般会主动地升维自己的认知。也就是说，人类认知的升级结构会一直稳定地呈现为梯形，人类的认知永远到不了最高点。这就是我们对认知或者对原认知的基本理解。

从 A 到 E 的认知升级很好理解，反过来，如果我们把甲从 E 直接降到 A，又会出现什么情况呢？答案就是降维打击。这就让一些人产生了困惑：甲的认知层次已经那么高了，还能一下子降到底层重新开始？再说，"降维打击"谁不知道啊？不就刘慈欣《三体》讲的那样吗？这能有什么关系啊？

其实，有人出现这样的困惑属于正常的情况，因为他们对降维打击的概念有误解。所谓降维打击，就是站在高层次认知的层面去解决低层次认知层面的问题。即便是《三体》，说的不也是拥有高度发达文明的外星人对文明程度不及自己的地球实施打击吗？解决了概念上的困惑，我们在解决问题时就变得从容多了。

当然，在使用降维打击之前，我们要对自己需要解决的问题进行充分的评估，以免"阴沟里翻船"，同时还要注意把握度的问题。

做对决定要使用系统全面的分析方法

人这一生当中，每一天都会做决定，有人选择向东，有人选择向西。很多人并不会想决定对自己意味着什么，他们没有意识到不同的选择或许会给自己带来完全不同的人生轨迹。因此，我们在做决定之前，必须要设想一下：这个决定落地之后的下一步会怎样？会不会事与愿违？是不是捡了芝麻丢了西瓜？

这样的思考不仅可以帮助大家处理日常生活中的种种琐事，还可以帮助中层应对日常工作中的各种情况。一些中层在做决定的时候，没有注意这一点，结果不仅被事情牵着鼻子走了，还让自己变得疑神疑鬼的：看到老张那张脸，感觉不妙；看到团队现在的状况，感觉不妙；看到老婆的脸色，也感觉不妙。更不妙的是，这种心态还会影响后续的决定。

比如，某人自驾去拜访客户的路上，车辆跟旁边的车发生了剐蹭，本来打电话给交警或者双方协商就可以快速又顺利地解决，结果心态崩了的他觉得自己吃了亏，跟对方发生了争执，还造成了所在路段的拥堵。

归根结底，一切的起源就是他做决定之前没有充分考虑结果。行为会决定我们的结果和命运，而我们的选择和判断对决定很重要。那么，如何让我们的选择和判断更科学呢？

我们要学会系统分析的方法，要学会全面地看待问题。世界是运动的、普遍联系的，任何人、任何事都是动态的，一个人是否能接触到问题的本质，取决于他对各种关系的理解程度。很多事情想不通，与人争执，愤愤不平，都是因为看事情片面。而要将各种关系较快地整理出来，就要靠这个人的悟性。幸运的是，悟性是可以后天培养的。有了悟性，我们就可以厘清各种关系，就能认识别人，认识自身。

每个人都是处在某种场景、某种环境、某种结构状态中的人。所以，我们要做对决定，有一个很重要的逻辑，就是我们要理出人与自然、人与环境、人与周遭的关系。理出了这些关系，我们就能了解到其中的关键窍门在哪里。

做对决定的三个重要支撑

做对决定需要有三个重要支撑：第一，要有思维高度；第二，要有全局意识；第三，要有动态考量。一个人要想做对决定，就必须思索自己所处的当下，是否符合这三个标准。

在实际工作中，有的中层是因为业务能力出众升职的，所以对具体业务"爱不释手"，还像以前那样对具体业务事无巨细。如果有人好心提醒他，他还会觉得很委屈，明明自己坚持的就是绩效导向，看重结果，符合中层管理那几板斧的标准啊。直到有一天，项目推进不下去了，团队成员都对此一筹莫愁，指望他拿主意的时候，他才意识到自己错在哪里了。

他太沉溺于执行者的角色了，以至于在项目推进的过程中做错了决定。他坚持绩效导向，看重结果，重视具体业务这本身并没有错。虽说中层不一定是整个团队业务能力最强的人，但要作为团队业务/专业的带头人和辅导者，本身具备熟练级别以上的业务能力水平是必须的。导致中层做错决定，到最后无计可施，最主要的原因是他没有及时转换自己的角色，没有将自己的思维上升到一个管理者应有的高度，还一味地沉溺在之前执行者的角色里。这样一来，项目的具体负责者就很难从中层这里得到除业务指导之外的帮助。

中层没有按照自身应该扮演的管理角色进行思维升级，还会引发一连串连锁反应，使得其在做错决定的路上越走越远。一来，没有实现思维升级的中层很难拥有全局意识。这就使得他在遇到自己力所不及情况的时候无法向能解决该问题的人求助，无法按照"专业的人做专业的事"的原则外包给相关专业人员。二来，没有实现思维升级的中层很难实现动态考量。当项目推进遇到突发情况时，如果是他熟悉的业务领域还好，如果是不熟悉的，他就很容易陷入一筹莫展的境地。

因此，对于中层来说，要做对决定，就需要认清自己的角色，实现思维上的升级，建立起全局意识和动态考量。只有这样，中层才能有条不紊地推进自己的工作，为团队成员当好业务/专业上的带头人和辅导者。

10

中层如何对待企业成长过程中的问题

▪▪▪▪ 企业有问题是正常的

有些管理者总是不能直视自己所服务的企业存在问题这一事实。有一次，我为青年企业家做辅导，课上就有一位学员问我："方老师，我们公司创办没几年，现在整个公司很乱，问题一大堆，我该怎么办呢？"

其实，对于一家企业来说，有问题是再正常不过的了。即便是华为、阿里巴巴这样跻身世界 500 强的企业，也不能例外。企业要运营，就会涉及各个方面的工作和沟通。昨天的决定可能会造成今天的问题，而那个造成问题的决定有的是某个员工做出的，更多的是管理者做出的。可以说，大部分问题都是管理者造成的。

了解这些之后，有的管理者觉得非常沮丧。其实，真的不必如此。企业发展的过程就是不断发现问题、分析问题、解决问题的过程。问题的出现为企业的发展指明了路径，企业永远处在解决问题的状态当中。古语说，水至清则无鱼，人至察则无徒。无论是存在一定的问题，还是有一定程度的混乱，都是企业发展的必经过程。作为管理者，作为老板，作为中层，需要正视企业中存在的问题，调整好自己的心境。我也是这样回复辅导课上那位学员的。

▪▪▪▪▪ 管理者是发现和解决问题的人

有问题才有管理者

目前,不少企业里都存在这样一种奇怪的现象:很多中层甚至老总对待问题的态度都很消极。他们整天牢骚满腹,好像那些问题是什么了不得的大事,有时候牢骚比客户还要多。

其实,这是一种工作误区。企业和家庭一样,有问题才需要管理者,管理者就是发现和解决问题的人。管理者的价值就体现在这里。企业要他们来做中层、做老总,就是要他们肩负更大的责任,处理更棘手的问题。一旦管理者把注意力放在抱怨和发牢骚上,就没有足够多的精力放在问题的分析和解决上；而某些问题恰恰是阻碍企业实现可持续发展的拦路虎。

因此，管理者要正视自己的角色，做好发现问题和解决问题的人。

主管没有资格跟员工一起抱怨

我在为企业家们上辅导课时，不少老板经常问我一个问题："方老师，一个喜欢在下属面前抱怨的主管，我该怎么对待他？"我的回答是："应该对造成结果的严重程度进行评估。结果严重的，辞退他；结果不严重的，撤掉他主管的职位。"

这个回答当时引发了大家的一阵激烈的讨论。"结果严重的，辞退他"很好理解，为什么结果不严重的，还要撤职呢？这是因为，主管向下属抱怨，带来的危害是非常大的。也就是说，作为一个主管，从成为主管的那一天开始，他就失去了跟员工一起抱怨的权利。

古语说，千里之堤，溃于蚁穴。很多时候，企业问题的来源就是这么简单，简单到可能就是主管的一句抱怨。很多时候，主管就是公司离基层员工最近的管理者，主管传达出的消极状态会直接影响整个团队的士气，让团队成员的执行力大打折扣，进而让企业文化形同虚设，让企业变成一盘散沙，影响企业可持续发展的步伐。更有甚者，企业会被主管的抱怨拖累致"死"。

因此，企业老板绝不可以姑息、纵容这种行为。如果老板想提拔一个人当主管，就要跟他说清楚：绝对不能在员工面前抱怨，否则将立即被辞退。当然，也有老板觉得这样的方式有点儿极端，改成了"轻则罚款1000元，重则立即辞退"。还有老板把类似的意思做成了标语……不管老板采取怎样的方式，都是为了给企业营造一个和谐的工作氛围。

虽然影响人们工作和生活的因素有内因和外因之分，但良好的工作环境、和谐的工作氛围确实能给团队成员带来积极影响。做企业就是这样，需要中层以身作则，起带头作用，带头不在大家面前抱怨。

当然，中层也不是不食人间烟火的神仙，中层也有牢骚，也有意见。员工如果有意见，有牢骚，可以找上级，也就是中层沟通。中层也一样，可以找自己的上级，也就是更高一层的管理者沟通。

中层可以对上抱怨，不能对下抱怨，不能在员工面前抱怨。我们要对这点形成高度的重视。我在很多企业做执行力推动的时候，首先要求的就是全部主管都不能在员工面前抱怨。方案执行一段时间之后，一位老板找到了我，给出了非常正面的反馈。他说："方老师，你做的执行力推动太好了，我们企业的风貌一下子就变好了。"

其实，我并没有做什么多余的动作。之前，这家企业有个主管特别喜欢在员工面前抱怨，经常把"总经理还没来，又在睡懒觉，让我们为他卖苦力"挂在嘴边上。正好该企业老板请我们团队给他们做执行力推动。了解到相关情况之后，我做了一个针对性相当强的奖惩方案——主管如果被发现在员工面前抱怨，就会被辞退；如果有员工举报主管在自己面前抱怨，奖励 3000 元，并优先安排这个员工做主管。

　　这个奖惩方案给全企业的主管敲响了警钟，那个喜欢抱怨总经理的主管更是深刻反思了自己的言行，不再在员工面前抱怨总经理了。持续的负能量输出源被切断，企业的风气一下子就有了明显的好转。

中层不要触犯管理人员的"十大天条"

　　如何才能保证中层认真做好企业中发现和解决问题的人呢？中层可以根据自身实际情况，选择运用管理人员的"十大天条"这一工具（实际上是严格禁止管理人员去做的十件事）。该工具是我和我的团队心血和智慧的结晶，并经过了众多企业的践行，具体内容如下：

　　1. 在下属面前抱怨，或传播任何负面或消极信息。

　　2. 私下议论、违背甚至攻击上司或公司的任何决策及决定，不服从上司的指挥。

　　3. 不激励、不支持、不帮助下属的工作及成长。

　　4. 不承担责任，推卸责任给下属或其他部门。

　　5. 搞"部门主义"，拉帮结派。

　　6. 信口开河，私自承诺超越公司体系的内容。

　　7. 任何形式的在外兼职，或外泄公司任何秘密、机密信息或绝密内容。

8. 弄虚作假，欺瞒上下级，甚至公司或客户。

9. 损公肥私，中饱私囊，侵吞公司财产或权益。

10. 纵容和包庇下属，或做有损上级管理威信的行为。

具体工作中，违反程度轻者，记大过，取消当月所有绩效、工资及奖金；违反程度重者，立即辞退（违反程度轻重需根据具体情况进行评估）。

有些中层看到上述"天条"，估计冷汗都要下来了，不知自己中了几"枪"。前文提到过，好的管理者要具有"杀手"气质，要狠得下心，要拉得下脸，要说得出口。这是一个管理者应有的魄力。如果你今天已经成为一个管理者，但是丝毫没有魄力，就很糟糕。

中层在下属面前抱怨，明显违反了管理人员"十大天条"第一条。这是作为中层、作为管理者的大忌。这样的中层并非合格的中层，即便他能力再强。能力强但喜欢在下属面前抱怨的中层可能会给公司创造一些短期利益，但是从长远的角度来讲，任用这样的人一定是得不偿失的。这样的人很危险，会给整个公司带来巨大的伤害。

为什么这么说呢？这是因为，抱怨虽然是一种符合人性的行为，但会严重影响团队的士气。在团队成员心中，中层是公司在部门的代表，连中层都对公司牢骚满腹，可见公司、老板没有什么值得追随的。这样一来，即使团队成员中有人希望成为在公司平台上一展抱负的雄鹰，跟随喜欢抱怨的中层一段时间之后，也容易大概率变成小鸡。

人们常说，一家企业优秀，是因为其同化能力很强。其实，这句话是有问题的。一家企业优秀，是因为其对优秀基因的同化能力很强。如果像抱怨这样的负面同化能力过于强大，企业就会失去优秀的基础。要避免这一情况，作为中层就要严守底线，不要触犯管理人员的"十大天条"。

◼◼◼◼◼ 对待任何问题都要有"三不放过"精神

企业的问题是每个人的问题

企业的问题实际上是每个人的问题，这也是责任观的问题。有的中层容易养成一个坏毛病叫"归之于外"，即认为问题是别人的问题。

提起吉列公司，很多人并不陌生。它是国际知名的剃须护理品牌，其剃须刀销量占据全球市场超过一半的份额。可吉列公司也曾是个烂摊子。相关资料显示，那时吉列公司已经连续14个季度没有盈利，5年内三分之二的产品市场份额下降，上一年的市场价值下跌了30%左右。

彼时，CEO 詹姆斯·吉尔特刚刚入职。为了走出困境，他很快召集了由各部门全体主管参加的会议。会上，吉尔特问了在座的与会者一个问题："哪位认为我们的公司成本太高了？"与会的主管们都举起了手。吉尔特又问了第二个问题："哪位认为自己部门的成本太高了呢？"结果，大家你看看我，我看看你，没有一个人举手。

这样的事情不仅出现在吉列这样的跨国公司中，还会出现在普通的中小企业中。我们团队去企业调研的时候常常会遇到这样的情况：销售部总是怪生产部生产进度太慢，影响了销售进度。生产部承认自己确实存在进度慢的情况，但这都是采购部供应不及时闹的。这个问题怎么又成了采购的问题了呢？因为在生产部的同事看来，"原料采购都不到位，你叫我们怎么去生产？"采购部也不甘"背锅"，他们又去找财务部了："你们财务部怎么不给钱？害得我们被生产部骂。你们汇钱不到位，原材料会到位吗？"财务部觉得自己很委屈，找到了销售部："你们销售部真是的，只卖东西不收钱，我们财务部哪来的钱给人家汇款？"

结果，转了一圈，又回到了原点。销售部怪生产部，生产部怪采购部，采购部怪财务部，财务部又怪销售部，大家推来推去，问题还是没有解决。有时候，企业中的问题变得错综复杂，就是因为大家总是推来推去。在有些人的认知中，"问题在员工身上，原因在主管身上，根子在主席台上（意为根子在董事长身上）"。

尽管宣泄很痛快，但对于问题的解决没有丝毫帮助。古语说，天下兴亡，匹夫有责。如果把"天下"改成"企业"，同样适用。那么，要怎样做才能对解决问题有帮助呢？

石油大亨洛克菲勒曾分享过他的秘诀："我成功，是因为我勿责难，勿抱怨，遇到问题绝不推诿。"这一秘诀具体到工作中，就需要管理者，尤其是中层，树立正确的认知，要有主人翁意识，要有老板的思维，坚持"球丢到我这里就不要再丢给别人了"；需要坐下来解决问题，不要推诿。这样，才能起到为问题的解决增砖添瓦的作用。

确认问题是解决问题的前提

俗话说，发现问题是水平，解决问题是能力。要解决问题，有一点很重要，就是要懂得去确认问题。确认问题是有效解决问题的前提。那么，如何做才能确认问题呢？

首先，确认问题，要以事实为基础。

对于中层来说，无论是确认问题，还是解决问题，都是日常管理的组成部分。管理学家赫伯特·西蒙认为，管理的实质就是决策。他在《管理决策新科学》一书中提出，管理（决策）有两个重要原则：一是事实性原则，二是现实性原则。中层要进行日常管理，要确认问题，就要坚持基于事实这一管理学的重要根本，不要道听途说，人云亦云，胡乱猜测。如果被道听途说那一套蒙蔽，就真的要出大事。

其次，确认问题，要上下沟通确认，内外交流确认，中介诊断确

认，危机发生确认。

有时候，中层在日常管理中会遇到这样的事情：他一直在找问题的答案，最后回头一看，才发现那个问题本身就错了，它只是个伪问题，就像爬墙一样，自己爬了半天，突然发现梯子搭错了墙头，白爬了。怎样做才能识别伪问题，确认真问题呢？

就像《最重要的事只有一件》里提到的那样，只有完成最重要的事，接下来剩下的事才能迎刃而解。对于要避免遭遇伪问题的中层来说，找到表面情况背后的关键，不"就问题解决问题"，就是最重要的事情。至于具体的方法，可以用上下沟通的方式确认，可以用内外交流的方式确认，可以用中介诊断的方式确认，也可以用危机发生的方式确认。

举个例子。比如，有一个部门，员工离职率很高，然后公司在考核该部门的部门经理时，就在考核指标里加上了一项KPI——员工离职率KPI。这样的做法就是"就问题解决问题"。部门员工离职率高只是表面现象，不一定是该部门的部门经理造成的。单纯地给部门经理增加一个KPI指标，客观上可能会提升该部门经理对员工离职率高这一情况的重视程度，但对于问题的解决没有太大的帮助。

管理学家约翰·米勒在《QBQ！问题背后的问题》中深刻剖析了"就问题解决问题"的现象。他在书中指出，研究问题，不要从表面思考问题，而要专注于关键问题，这样就不会迈错第一步。最重要的事情没有搞清楚，你就开始动手了，后面就不会从容。有些时候，甚至会事与愿违，该解决的事情没解决，该正确面对的没正确面对，

10　中层如何对待企业成长过程中的问题

反而在其他维度出现了很多新的问题。

回到上面的例子。经过和团队成员诚恳的沟通之后，该部门的部门经理发现，本部门员工离职率高的问题，实际上是利益分配的问题。薪酬设计不合理，"多劳多得"根本无从实现，员工自然也就没有了工作热情。离职率变高也就不足为奇了。了解到实情之后，该部门经理将该情况及时向总经理进行了汇报。最后，公司调整了该部门员工的工资，该部门的员工离职率也降到了历史新低。

对待问题要有"三不放过"的精神

顶尖的管理成就来自严谨的工作作风，很多优秀的管理者都具备一个基本属性——日常管理行为是严谨的，而不是随便的。要做到这一点，就需要管理者在对待问题时有"三不放过"精神。所谓"三不放过"，具体说来，就是发生问题，没有找到原因不放过；发生问题，没有找到责任人不放过；发生问题，没有整改措施不放过。

拿部门员工离职率高这个例子来说，虽然员工离职率一度成为部门经理考核的 KPI 之一，但他没有盲目地使用高压政策，或者在团队成员面前抱怨，而是认真地与他们进行一对一的沟通。该部门经理很清楚，"就问题解决问题"并不会改变什么。他也从管理学常识中领悟到，反复出现的问题，要从规律上找原因；普遍出现的问题，要从自身找原因。

离职率高并不是全公司普遍出现的问题，而是该部门反复出现的问题。这就说明，离职率高并非员工个人造成的，很可能是规律造成的。果然，经过一对一的恳谈之后，该部门经理发现，原来是薪酬体系惹的祸。

该部门原本以老员工为主，可自从引入新员工之后，新员工的工资普遍比老员工要高。虽然 HR 再三解释是不同年份用工成本不同造成的，但部门老员工的积极性还是受到了严重的挫伤。此外，多劳多得不能实现也是让团队成员心灰意冷的重要诱因。既然做多少结果都一样，为什么还要努力呢？

找到了本部门员工离职率高的真正原因和"罪魁祸首"，该部门经理将相关内容形成了一份有理有据的报告，郑重地提交给总经理。经过总经理审核（其间还包括人力资源部门协同）、公司薪酬委员会复核，该部门薪酬结构得到了合理调整，员工离职率也大大降低了。

11

中层高效执行的六大核心关键

11　中层高效执行的六大核心关键

▪ ▪ ▪ ▪ 让员工的理念与行为忠诚于组织

一家企业究竟如何做才能持续地获得竞争优势？是靠更好的产品与服务，比竞争对手更低廉的价格，还是靠技术创新？都不是，归根结底还得靠人。换言之，企业核心竞争力的持续构建最终来源于企业中的人力资源。

经营企业就是经营企业中的人力资源。为了让员工更好地为企业的可持续发展服务，企业就需要把他们安排在最合适的职位上，使他们"人尽其才"。与此同时，企业还必须想方设法留住这些人才。这就给具体管理这些员工的中层带来了很大的挑战和考验。

中层要想实现高效执行，保证企业的可持续发展，就要让员工的理念与行为忠诚于组织。这就需要让员工对企业认同。而要做到这一点,最重要的就是进行执行力阶梯模型(如图11-1)的建设。

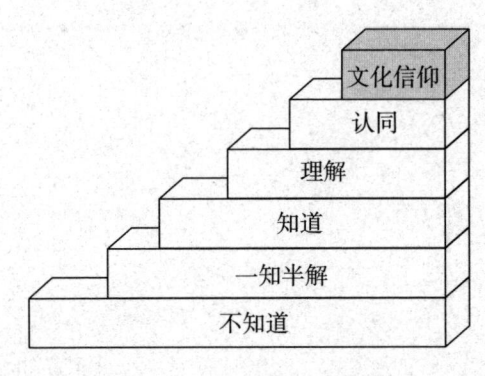

图 11-1　执行力阶梯模型

在执行力阶梯模型中,员工的执行力是同他对企业的认知程度成正比的。随着在职时间和所做工作的增加,员工对企业的认知经历了从不知道到一知半解,到知道,到理解,再到认同,最后上升为文化信仰的过程,员工的执行力也随着认知的加深不断提高。只有达到认同及以上的认知程度,员工才会拥有一定的忠诚度。作为企业的中层,需要在让员工认同企业这方面下功夫。

那么,中层该如何做呢?

第一,要让员工的行动忠诚于企业目标。

让员工认同企业最简单的方法,是让员工的行为与组织的目标保持一致性,让员工的行动忠诚于企业的目标。这是中层进行管理时非常重要的一个方面。同时,中层需要注意,员工了解到的企业目标必须清晰。

这是因为，虽然对于员工来说，服从是忠诚的最低要求，学会服从比学会管理更重要，但如果他们都不清楚自己要为什么而努力，就容易心生疑惑，进而会演变成不满、牢骚，最终不仅会影响员工的执行力，还会影响员工对企业的忠诚度。也就是说，企业目标清晰是保持员工的行动与企业目标一致性的重要前提。

解决了"为什么而努力"的问题，让员工的行动与企业目标保持一致就有了保障，员工对组织的忠诚度就会提高，就会推动企业的发展。

第二，设立高期望值。

管理顾问尼克·克雷格认为："设立高期望值能为那些富于挑战的有贤之士提供更多机会。留住人才的关键是，不断提高要求，为他们提供新的成功机会。"对于一些充满斗志、勇于创新的员工来说，如果企业能不断提出高标准的目标，喜欢迎接挑战的他们大概率就会选择留下。

第三，一切服从制度和标准。

企业管理者对待制度、标准的态度是会直接影响员工对组织的忠诚度的。如果在一些公司制度和标准面前，中层的态度是"上有政策，下有对策"，不能以身作则、不折不扣地执行，这些制度和标准在员工那里就会成为一句空话。如果中层能够以身作则，做到"一切服从制度和标准"，等他再要求所有员工都必须执行制度和标准时，就会加大员工对公司制度、流程等行为规范的认同感，整个企业的目标就能够得到有效推动。

第四，重视企业文化的力量。

在今天这个充满竞争力的时代里，面对时代对组织建设提出的挑战，那些做得好的企业都非常重视企业文化的力量。华为、海尔、联想都是如此。

企业文化中的企业远景、使命、价值观、核心理念等具有一种穿透力，将会对员工的行为产生潜移默化又极为深远的影响。一家企业如果失去制度的规范，失去文化的力量，企业的发展就不可能持久。

在建设企业文化的过程中，中层需要发挥强烈的主人翁意识，应是所有理念、文化的先行者，要以身作则，让每一个人认识到企业文化的重要性，告诉每一个人企业的行为准则是这样的，告诉员工企业未来发展的理念是这样的。中层做到重视企业文化的一致性与一贯性，就能够让员工从理念到行动都高度忠诚于组织。

第五，为员工打造三级服务体系。

如今，要让员工对企业入心入肺，中层就一定要为员工打造满足期待—超出期待—让员工感动三级服务体系。如果仅仅停留在满足的状态，员工向企业靠拢的概率不高。只有实现超出员工的期待，甚至让员工感动，员工的心才会向企业靠拢。

全员开展"OEC"运动

OEC 是 Overall Every Control and Clear（日清管理系统）的缩写，最早由海尔提出，被业界形象地称为"海尔之剑"，具体是指企业全方位地对每人每天所做的每件事进行控制和管理，做到"日事日毕，日清日高"。这就意味着企业每天所有的事都有人管，所有的人均管理、控制内容，依据工作标准对各自控制的事项，按规定计划执行，每日把实施结果与计划对照并进行总结、纠偏，以达到对事物发展过程的日日控制与事事控制的目的，确保事物向预定目标发展。

全员开展"OEC"运动，就是全方位对每一个人、每一天、每一件事情进行控制和清理。OEC的核心是C，即控制、清理、检查。也就是说，在企业管理过程中，检查是不可或缺的组成部分。

郭士纳在执掌IBM时十分重视检查。他认为，"员工绝对不会做你希望做的事，只会做你要求和监督检查的事。"而且，他还强调，"如果强调什么，你就要检查什么；如果你不去检查，就等于不重视。"那么，管理者都该检查些什么呢？这跟员工具体负责的工作密切相关。

众所周知，管理者不可能事事亲力亲为，所以他们就要对员工进行一定的授权。以中层为例，他们通常会根据员工的业务能力和主观意愿把握授权的维度。

对于业务能力不够、主观意愿不强的员工，中层要对他说明他所负责工作的具体内容和操作程序，并监管他的后续行动，不能对他进行授权。

对于业务能力不够、主观意愿很强的员工，中层要对他进行教导，为他做示范，同样不能授权给他。

对于业务能力很强、主观意愿不强的员工，中层需要跟他进行充分的沟通，并鼓励他积极参与到工作中来，同时对他进行适当授权。

对于业务能力很强、主观意愿也很强的员工，中层可以对他进行充分授权。

了解了中层对员工的授权情况后，有人产生了这样的疑惑：不被授权的员工接受检查很正常，但那些得到授权，特别是得到充分授权的员工，也要接受检查吗？对此，沃尔玛的创始人山姆·沃尔顿早有定见："我早在经营杂货店的时候就领悟到这一点——首先你得赋予人们责任，然后你要信任他们，最后你还得监督他们。"也就是说，对于管理者来说，检查一个人和信任一个人是两回事，检查不等于不信任，信任不能代替检查。如果能让检查和授权达到有效的均衡，就会让全员"OEC"运动更加圆满了。

那有什么方法能够让检查和授权能达到有效的均衡呢？走动管理是一种不错的形式。这就代表中层要更勤奋一些，要走出去，走下去，多听听，多看看。因为看不见的问题最危险，因为"工作现场有神灵""答案永远在现场"（稻盛和夫语）。

不过，有些人对于走动管理的重要性认识并不深刻，一旦晋升为管理者，就迫不及待地远离一线。没想到离开的时间一长，他的商业智慧就丧失了，他缺失了一些现场一线的智慧。当一个人越来越远离一线的时候，这个人解决问题的能力就越来越差。如果中层解决问题的智慧有所缺失，检查和授权就会失衡。所以，我们要注意，永远不离开一线是中层的本分。唯有不离开一线，中层才能精确地做好授权和检查，并使二者达成有效的均衡。

■■■■ 进行一流的时间管理

在彼得·德鲁克看来，有效的管理者并不是一开始就着手工作，他们往往会从时间安排上着手。他们深谙"时间是工作中最稀有的资源"这一真理。任何一个人在使用时间时都存在种种限制：一来，时间的供给没有丝毫弹性，不管时间的需求有多大，供给根本没有可能增加；二来，时间稍纵即逝，根本无法储存；三来，时间完全没有替代品。可做任何事情都少不了时间，任何工作都是在时间中进行的。珍惜时间正是有效的管理者与其他人最大的区别。

既然做任何事情都要使用时间，那么有效的管理者是如何做到珍惜时间的呢？答案就是进行一流的时间管理。一流的时间管理离不开三个前提，即清晰的目标、详细的计划、坚定的原则。

在实际工作中，清晰的目标可以帮助中层充分把握各项工作投入的时间量，极大地提高了其工作效率，避免了其陷入"眉毛胡子一把抓"，自己整天忙得脚不沾地，什么工作都做了，什么工作都没做好的窘境。

详细的计划可以帮助中层分清工作的轻重缓急，使其集中精力做事情。通常中层要处理多线程的工作，员工工作要指导，上级指令要贯彻，客户需求要满足……这时，在开始做事前做好详细的计划就显得尤为重要。有了详细的计划，中层就可以将手头的工作按照轻重缓急的程度进行排序，集中精力优先处理紧急又重要的事情，然后再按照紧急但不重要、重要但不紧急、不重要不紧急的顺序依次处理事务。

坚定的原则可以帮助中层学会说"不"，拒绝那些力不从心的请托。对于中层来说，接受请托固然容易，但力不从心的请托却会扰乱他正常的工作节奏，甚至让他付出高昂的代价。因此，在面临请托时，中层要慎重衡量接受与不接受的结果，再决定是否将其列入自己的时间安排中。

有了三个前提的帮忙，中层可以精准地确定列入自己时间安排的事务。不过，要让这些事务有效率地完成，中层还离不开一流时间管理的三大重要原则，即第一时间、积极面对、态度至上。

遗憾的是，并非所有人都能做到。其中，拖延是影响中层执行力的一大拦路虎。作为中层，每天都会接到来自高层的工作指令，来自其他部门的协作要求，以及来自下属的工作请示……在这种情况下，做到"日清日毕"就很有必要。中层需要在第一时间做好待办事项列表，确认好自己当天的时间安排，尽量按时完成规定当日完成或在一定时间完成的工作。

一旦有拖延的情况出现，中层今后的工作计划就会大受影响。长此以往，还会在时间安排方面形成恶性循环，中层总会有事情做不完，总会有事情打断手头的工作，工作效率必然大受影响。

此外，拖延还会让中层的积极性大受打击。在不少中层的观念里，拖延就是自己能力不够的表现，而且被动的事情越多，这种观念就会越来越频繁地"折磨"他。长此以往，他就会逐渐失去工作的信心和解决问题的动力，工作效率也会大大降低。

其实，拖延出现除了偶尔的意外情况，大概率是因为中层的心态出了问题。一些工作会让他生出恐惧、畏难的情绪。一旦有这类情绪滋生，就会严重影响中层的行动力，让他从积极主动变得消极被动。

只有摆正心态，克服拖延的习惯，遵从第一时间、积极面对、态度至上的原则，中层才能化被动为主动，有效率地处理工作。

■■■■ 实现组织内外的有效沟通

对于中层来说，高效的执行力离不开组织内外的有效沟通。有效沟通是组织健康的前提保证，沟通不畅会给组织带来极大的危害。

在中层看来，管理团队的过程就是一种沟通的过程，团队内部的有效沟通不仅可以极大地提高工作效率，还可以有效地提升团队的凝聚力；与其他兄弟部门协作的过程就是一种沟通的过程，团队之间的有效沟通不仅可以加快推进共同负责项目的进程，还可以节省一定的人力、物力、财力，实现降本增效；与公司外的客户合作的过程就是一种沟通的过程，企业内外的有效沟通不仅可以提升合作的效率，还可以让双方实现"双赢"。

在这三类沟通中，如果大家"各吹各的号，各唱各的调"，不能形成沟通闭环，不仅会严重降低企业的工作效率或合作效率，还会造成人力、物力、财力的大量浪费，更有甚者会影响该企业或合作双方的运营，为大家带来深重的危机。

那么，中层如何做才能实现组织内外的有效沟通呢？在这里，我们需要用到积极的人际沟通的公式。

积极的人际沟通 =55% 的肢体语言 +38% 的声调 +7% 的语言

该公式传达了这样的信息：对于一个人来说，55% 的沟通效果来自他的肢体语言，38% 的沟通效果来自他的声调，7% 的沟通效果来自他的语言。我们惊讶地发现，人与人之间的有效沟通竟然大多数时候靠的是肢体语言。难道不是面对面的语言沟通更有效吗？其实，这里面是有科学道理的。

心理学家将人格分为意识、个人无意识和集体无意识三部分。肢体语言属于无意识的行为，因此比可以伪装的态度和语言更可信，更能体现一个人真实的心理状态。沟通时多关注一个人的肢体语言，就可以尽可能多地掌握对方的真实想法。因此，肢体语言直接影响了沟通双方的关系。还有，在通常情况下，比起沟通的内容，人们更关心别人对自己的态度。因此，能体现沟通态度的声调比体现沟通内容的语言更能优先引起他人的注意。

在实际工作中，中层要想实现跟组织内外成员的有效沟通，就需要在肢体语言、声调和语言上多下功夫了。比如，在与他人沟通时，可以用坚定的目光与对方进行眼神接触，这样对方就可以感知到中层的坦诚，并愿意与其坦诚交流；可以在对方表达观点或看法时，以恰当的点头和微笑来回应对方，这样对方就可以感知中层的认可，并对其待以同样的尊重；可以向知名企业家学习，通过多种多样的形式来组织团建，为团队成员创造宽松和谐的工作氛围。

不过，沟通毕竟是人与人之间的主观交流，沟通双方很容易受第一印象影响，产生先入为主的看法。有时候，中层也会遇到这样的沟通障碍：自己无论采用哪种方式沟通，对方都拒绝接受。这时，中层该如何破局呢？答案就是换个人去沟通。

在日常生活中，我们可能遇到过这样的事情：比起自己的父母，孩子更愿意听老师的话。同样一件事，父母苦口婆心半天，孩子觉得很烦；老师提点了几句，孩子欣然接受，并迅速做出了改进。换个人去沟通，事情就可能就容易解决了。工作中也是如此。遭遇这样的沟通障碍后，中层需要静下心来，认真分析对方的诉求，思考谁去跟他沟通最有效。如果能找到合适的人选，沟通效果会比中层亲力亲为更好。

■ ■ ■ ■ ■ **恰当的激励与压力疏导**

电影《地球上的星星》中提到了一个关于所罗门群岛的故事。所罗门群岛上住着一群原住民,他们在耕种之前需要把树木砍掉。可他们砍树的方式让人大吃一惊。原来,他们砍树不是用斧头,而是一群人围着一棵树,不停地辱骂它。就这样,不久之后,这棵树就死掉了。

受辱骂等负面因素影响的不仅有树,还有人。医学博士春山茂雄在《脑内革命》一书中公布了他的研究。研究发现,一个人的思想决定了他的健康,负面思想是一切疾病的根源。负面思想会对人体释放"毒气",很多人就是在成长过程中由于身边人的负面思想而最终形成身体上的恶疾的。保持乐观的心态，永远积极向上，会让你健康地度过与疾病无缘的一生。

了解到负面思想对人的严重影响之后，中层要想拥有高效的执行力，就要注意照顾员工的情绪，给予他们恰当的鼓励，并对他们进行压力疏导。具体来说，要做好以下五件关键的事。

第一，要有爱的行动。

多年来，我跟身边的朋友、学生交流无数，互动无数，我有一个很大的感受，就是很多人不会爱。这世上的爱有很多种，比如对伴侣的爱，对客户的爱，对员工的爱。那爱到底是什么呢？

有一次，我在讲课时，提出了一个关于爱的话题。当时，一名中层被请上台来配合我。我问他："你最爱的人是谁？"他在白板上写了两个字——妈妈。我说："挺好的。你继续在白板上罗列一下，过去三个月，你做了哪些事来证明你最爱的人是你的妈妈？不能撒谎。"结果，这名青年管理者在白板前面愣了 10 分钟，一件事都写不出来。他自以为最爱的人是自己的妈妈，却突然发现过去三个月，他没为他的妈妈做任何事情。这就是典型的把爱当成感觉，殊不知，爱是要有行动的，这才是爱的核心，爱的根本。

那么，怎么做才属于爱的行动呢？有一个人去见上帝，向上帝请教智慧。他问上帝："什么是喜欢？什么是爱？"上帝指着一个小男孩说："这是喜欢。"他寻声望去，只见一个小男孩在花丛里面穿来穿去，看到很鲜艳的花朵以后，就把它采摘下来，捧在胸前，闻一闻甚是陶醉。上帝说："这就是喜欢。"他又问："那爱呢？"上帝于是指着另外一个小男孩说："那是爱。"他又寻声望去，看见的也是一个小男孩在花丛里穿来穿去，唯一不一样的是，这个小男孩在那里拔草、浇水，用稚嫩的小身子为那朵花遮挡烈日的暴晒，避免它被强烈的阳光灼伤……这个人终于明白了——"喜欢只是为了得到，爱却需要付出"。这句话也把"爱的行动"的真谛阐释得淋漓尽致。在实际工作中，中层要想更好地践行自己的职能，就要心中有爱，并且要有爱的行动。前文提到的三级服务体系，就是一个非常重要的"爱的行动"标准。

第二，热情与快乐。

很多时候，人们一提起工作，就会感到莫名的心理压力和厌倦，整个人精气神全无。如何才能摆脱这种职业倦怠呢？一个重要的方法就是挖掘自己的兴趣点，提升自己对工作的热情，以快乐饱满的状态投入工作中。

为什么在工作中保持热情和快乐如此重要呢？究其原因，主要包括以下三个方面。

首先，在工作中保持热情和快乐的人工作效率更高，敬业度更高。

热情和快乐会对一个人形成积极的心理暗示。对工作满怀热情的人，自带积极的情绪，同时完成正向的自我激励，他们很容易在工作中找到乐趣，并且干劲儿十足。这样一来，他们的工作效率和敬业度就会大大提高。

其次，在工作中保持热情和快乐的人创造力更高。

11　中层高效执行的六大核心关键

人们常说，兴趣是最好的老师。一个人从事的工作和自己的兴趣重合时，他不仅会对工作爆发出极大的热情，主动对自己从事的工作进行总结、复盘，努力改进不足之处，还会结合工作的具体情况对自己的兴趣点进行深挖，爆发出空前的创造力。

最后，在工作中保持热情和快乐的人可以通过给其他同事带来积极影响，来为自己创造和谐的职业环境。

热情和快乐是可以感染的，当一个部门有若干名在工作中保持热情和快乐的成员时，其他成员也会受到这种积极能量的影响，进而使整个工作氛围变得更加积极，整个团队的工作环境变得更加和谐，整个团队的士气得到极大的提升。

以上三个方面针对的是所有职场人士。对于中层来说，员工在工作中保持热情和快乐，还可以有效地降低管理成本。很多时候，员工工作效率不高，牢骚满腹，并非业务能力有所欠缺，而是心态出了问题。在工作中保持热情和快乐对员工的身心健康非常有益，即便他们遇到一些让自己感到压力的事情，也会从容解决或者主动向自己的上司求助。这样一来，中层的管理成本就会大大降低。

综上，如果能在每一天的工作中都保持热情和快乐，将会对职场人士个人和企业都起到十分积极的促进作用。

第三，倾听。

如今，与组织内外的成员进行沟通，已经成为中层日常工作的重要组成部分。这时，学会少说多听，倾听沟通对象的心声，对中层有百利而无一害。

倾听是管理者的明智之举。企业家玫琳凯说:"不善于倾听是管理者最大的疏忽。"对于中层来说,与团队成员沟通,倾听他们的想法和烦恼,缓解他们在工作中的压力,是义不容辞的责任。

面对压力,有的人承受能力较强,可以自行消化,甚至变压力为动力;有的人承受能力一般,但会主动找到其他人求助;有的人承受能力很差,压力就逐渐积累下来,甚至会发展为心理压抑。有权威调查显示,心理压抑已经成为21世纪最严重的健康问题之一。对于中层来说,后两类正是其工作的重点。

既然员工的压力来自工作,那么解压也要从工作上着手。对于主动求助的团队成员,中层需要拿出一定的时间听取他们的烦恼和问题,针对他们的具体情况,协助他们分析事情或问题产生的原因,引导他们找到解决方法,监督他们的后续行动,并随时准备提供相应的帮助。

对于心理负担较重的团队成员,中层可以通过监控团队成员的绩效来发现他们压力的具体症状,主动找到他们,为他们提供必要的咨询,引导他们慢慢打开心扉,协助他们解开工作带来的心理压力,改善他们的心理状态。解决了此类团队成员的心理问题之后,中层才能进入针对他们的具体情况协助其分析事情或问题产生原因的程序。

第四,舒心地微笑。

俗话说,笑一笑,十年少。无论是在工作中,还是在生活中,舒心的微笑常会带来一些积极的影响。

首先，微笑表达了一种积极的情绪，不仅会使自己得到积极的心理暗示，保持高度的工作热情，还会将这种积极的能量传递给他人，给他人以鼓励。如果接受这种积极能量传递的是同一个部门的同事，更会在整个部门内部形成积极向上、和谐互助的工作氛围，进而提高整个部门的工作效率和执行力。

其次，微笑作为一种肢体动作，会将一个人最真实的心理状态传递给他人。在与他人沟通时，经常舒心地微笑，不仅可以给对方带来如沐春风之感，还可以满足对方被尊重的需要。俗话说，人敬我一尺，我敬人一丈。这样一来，双方的沟通就会更加顺畅，双方的合作就会推进得更加顺利。

中层要实现高效执行，离不开微笑这一"秘密武器"。

第五，真诚的赞美。

俗语说，良言一句三冬暖，恶语伤人六月寒。企业家玫琳凯也认为："世界上有两样东西比金钱和性更为人们所需，那就是认可与赞美。"真诚的赞美在实际工作和生活中发挥着比人们想象中更重要的作用。

在大多数人的印象里，调动员工积极性最简单、有效的方法就是给他们多发钱。这个观点有一定的道理，但金钱并非万能的。除了金钱带来的经济上的安全感，员工还有被尊重的需求。真诚的表扬与赞同，就是对他们自尊心和荣誉感最好的呵护，就是对他们最好的认可与尊重。中层能真诚赞美下属，不仅能满足员工的心灵需求，还能激发他们的潜在才能，进而提升他们的创新能力，提高他们的工作效率，为企业发展做出更大的贡献。因此，可以说，真诚的赞美是中层高效执行的润滑剂。

对员工进行有效的训练

　　管理学教授沃伦·本尼斯提出,员工培训是企业风险最小、收益最大的战略性投资。没有经过训练的员工是企业最大的成本。企业学习速度的快慢将决定企业未来的胜败,"聪明鱼吃笨鱼"的时代已经全面到来!如果一家企业的员工学习能力强、学习速度快,那么这家企业将来一定比其他企业实力强。

　　企业的竞争归根到底是人的竞争,而培训是提高员工业务能力最有效的手段。无论是世界500强企业,还是中小企业,都非常注意在员工培训方面的投入。早在21世纪初,惠普公司就规定,公司几万名员工每周至少要有20个小时用于学习业务知识。惠普为培养人才所花的费用已达到了企业总销售额的 10%，为培训所花费的人力成本也已占到了企业总人力投入的 10%。

海尔创始人张瑞敏也在媒体上公开表示：在组织内不论是元老还是年轻人，真正对员工关怀不是表现在小恩小惠上，而是让他们有竞争力。如何让他们有竞争力呢？那就是学习。因为学习就是最好的投资。

投资人才，就等于投资未来。企业要发展，必须提高员工的整体素质。这时，管理者，尤其是中层，需要根据企业和本部门的具体需求，有针对性地设置相应的培训内容；需要训练，训练，再训练，通过实际工作及生活场景的演练，使员工从最开始的讨厌、陌生、麻木、将就，逐步到有兴趣，进而能够全身心投入，具有积极的心态和良好的行为习惯，并且有效地执行企业的经营策略，为企业做出更多的贡献。

培训是留住人才的重要手段。企业的每个发展阶段都有企业最需要的人才和相应的岗位，管理者只有对员工进行培训，让其掌握相应的技能，员工才能为企业的发展做出贡献。如果没有培训，不具备相应技能和素质，员工就很难留下来；即使勉强留下来了，也会严重影响个人和企业的发展。只有卓有成效的培训才能提升员工的竞争力，进而提升企业竞争力，因此可以说对员工进行有效的培训对员工个人及企业来说是一种"双赢"。